MARIA RESCHOFSKY

LEBERFASTEN REZEPTE GEGEN FETTLEBER

Das Kochbuch mit den leckersten und effektivsten Rezepten für eine starke und gesunde Leber

Email: info@edition-lunerion.de
www.edition-lunerion.de

Psiana eCom UG
Berumer Str. 44
26844 Jemgum

Vorwort

Ihr Arzt hat Ihnen nahegelegt, verstärkt auf Ihre Lebergesundheit zu achten? Oder haben Sie in der letzten Zeit ein wenig über die Stränge geschlagen und möchten Ihrem Entgiftungsorgan nun eine Auszeit gönnen? In jedem Fall sind Sie mit Leberfasten auf der richtigen Seite und wie das mit ganz viel Genuss klappt, zeigt Ihnen dieses Kochbuch!

Eine der wichtigsten Schaltzentralen des menschlichen Körpers wird oft sträflich vernachlässigt: Denn durch schlechte Ernährung, übermäßigen Alkohol- und Nikotingenuss, mangelnde Bewegung oder Übergewicht machen viele Menschen es ihrer Leber schwer, ihre Aufgaben rund um Stoffwechsel, Entgiftung, Verdauung & Co. zu erledigen. Um ernsthafte Erkrankungen zu vermeiden oder eine bereits bestehende Fettleber optimal zu entlasten, zeigen diese Rezepte Ihnen eine geschmackvolle Möglichkeit, Ihrer Leber jeden Tag etwas Gutes zu tun – und dabei noch so richtig zu genießen! Ob Sie sich vegetarisch-vegan ernähren, zu den Fleisch- oder Fisch-Fans zählen oder eine Naschkatze sind, hier finden Sie von Frühstücksideen über Suppen und Salate bis hin zu vielfältigen Hauptgerichten und himmlischen Desserts reichlich Auswahl, die perfekt auf die Lebergesundheit zugeschnitten sind.

Guten Appetit!

INHALT

Die Schaltzentrale des Körpers

Die Leber übernimmt in unserem Körper vielfältige und wichtige Aufgaben. Sie zählt zu den größten Organen unseres Körpers. Aber sie ist nicht nur eines der größten Organe unseres Körpers, sondern auch das wichtigste Organ, das für die Ausleitung der aufgenommenen Giftstoffe sorgt. Der Leber kommen somit die wichtigsten Aufgaben für unser Wohlbefinden zu. Nimmt man die Aufgaben der Leber genauer unter die Lupe, werden die multifaktoriellen Funktionen des Organs deutlich: Sie speichert Nährstoffe, verstoffwechselt aufgenommene Nährstoffe, entgiftet unseren Körper, scheidet diese Gifte wieder aus und hilft dem Darm durch die Produktion von Gallenflüssigkeit dabei, Fette leichter zu verdauen.

Obwohl der Leber eine so wichtige Funktion innerhalb unseres Körpers zukommt, wird sie von den meisten Menschen auch heute noch vernachlässigt. Nicht zuletzt liegt dies daran, dass die Leber bei Belastung zunächst lange keine Beschwerden verursacht. Dennoch leiden viele Menschen der Industrienationen unter einer Fettleber. Soll diese behandelt werden, führt der Weg in aller Regel über die Ernährung.

In diesem Buch erhalten Sie daher Einblicke, welche Aufgaben der Leber innerhalb des menschlichen Körpers zukommen sowie welche Bedeutung sie für unser Leben und Überleben hat. Zudem erfahren Sie, mit welchen Gefahren die Leber im Alltag konfrontiert wird und was man unter einer Fettleber versteht.

Abschließend erhalten Sie Informationen darüber, wie Sie Ihrer Fettleber entgegentreten können. Hier können Sie auf Listen zurückgreifen, die Ihnen Informationen darüber geben, welche Lebensmittel für Ihre Leber zuträglich sind und welche Sie besser im Rahmen Ihrer Ernährung vermeiden sollten. Anschließend liefert Ihnen dieses Kochbuch eine Vielzahl an Gerichten, mit denen Sie dem Leberfasten gegenübertreten können. Als Bonus erfahren Sie zudem, welche Punkte Sie für eine 7-Tage-Gesundheitskur beachten sollten, um einer Fettleber entgegenzuwirken.

Die Leber als Speicherfabrik

ÜBER DIE AUFGABE UND BEDEUTUNG INNERHALB DES MENSCHLICHEN KÖRPERS

Innerhalb des menschlichen Körpers zählt die Leber zu den größten Organen. Im Erwachsenenalter weist sie ein Gewicht von ungefähr 1,5 Kilogramm auf. Dennoch wird sie häufig vergessen, wenn es um die wichtigsten Organe des Körpers geht. Und das, obwohl ein Leben ohne sie kaum möglich ist. Dies mag vor allem darin begründet liegen, dass wir die Leber in unserem Körper in aller Regel nicht spüren. Sie befindet sich unterhalb der Rippen im oberen rechten Bauchraum. In ihrer Position liegt sie unterhalb des Zwerchfells und bewegt sich bei jedem Atemzug mit. So wird sie beispielsweise beim Einatmen nach unten bewegt, während sie sich beim Ausatmen nach oben bewegt. Vom Blutkreislauf wird die Leber sehr stark durchblutet: Von der gesamten Blutmenge, die durch das Herz und die Lunge gepumpt werden, fließen 28 Prozent durch die Leber. Damit wird die Leber mit deutlich mehr Blut versorgt als beispielsweise das Gehirn oder die Muskulatur.

In unserem Körper ist die Leber an Funktionen beteiligt, die für den Stoffwechsel wichtig sind. Sie hat daher vielfältige Aufgaben. Sie ist in der Lage, aus verschiedenen Substanzen neue Stoffe zu bilden, die unser Körper im Anschluss verwerten kann.

Beispiel:

Aus Cholesterin stellt die Leber Hormone her.

Aus Gallensäure werden die Baustoffe für die Zellmembranen erzeugt.

Neben der Umwandlung von Stoffen kann die Leber Nährstoffe produzieren, die der Körper verwerten kann. Hierzu wandelt sie Nährstoffe aus den Bestandteilen der Nahrung in Stoffe um, die unser Körper für seine Funktion benötigt. Außerdem speichert die Leber diese Stoffe, sodass sie sie bei Bedarf an die entsprechenden Zellen abgeben kann. Auch Giftstoffe werden von der Leber aufgenommen. Diese wandelt die Leber in ungiftige und dem Körper unschädliche Stoffe um und veranlasst die Ausscheidung dieser.

Hinsichtlich des Kohlenhydratstoffwechsels sorgt die Leber dafür, dass der Blutzuckerspiegel auf einem konstanten Pegel bleibt. Sie sorgt auf diese Weise dafür, dass unser Stoffwechsel nicht über- beziehungsweise unterzuckert, da diese Entgleisungen lebensbedrohlich sein können. Mit Blick auf den Fettstoffwechsel ist die Leber in der Lage, Fette aufzubauen. Auf diese Weise erzeugt sie Energie, die der Körper weiterverwerten kann. Eiweißbausteine nimmt die Leber aus den Aminosäuren aus der Nahrung auf. Diese nutzt sie, um Fette zu transportieren und Hormone zu bilden, die für unsere Blutgerinnung ein zentraler Bestandteil sind.

Im Vergleich zu anderen Organen des menschlichen Körpers weist die Leber zudem eine Besonderheit auf. Sie ist das einzige Organ unseres Körpers, das in der Lage ist, nachzuwachsen. Aus den benannten Gründen wird die Leber häufig auch als zentrale Speicherfabrik oder Kraftwerk bezeichnet.

Darüber hinaus verfügt die Leber über eine weitere Besonderheit. Anders als andere Organe unseres Körpers hat die Leber kein System, das Schmerz ausdrücken kann. Hierin liegt begründet, dass eine überlastete Leber oftmals nicht sofort bemerkt wird. So kommt es, dass viele Menschen unter unspezifischen Symptomen leiden, die sie nicht im ersten Moment mit einer überlasteten Leber in Verbindung bringen.

Folgende Beschwerden können dabei beispielhaft auftreten:

- Müdigkeit
- Appetitlosigkeit
- Schlafstörungen
- Blähungen
- Übelkeit

Diese Symptome können beim Auftreten ohne erkennbare Ursache auf eine Störung im Bereich des Stoffwechsels der Leber hindeuten.

Die Aufgaben der Leber im Überblick

- Aufbau von Fetten, Zucker und Eiweißen
- Abbau von Fetten, Zuckern und Eiweißen
- Umbau von Fetten, Zuckern und Eiweißen
- Speicherung von verwertbaren Nahrungsbestandteilen bis zur Weitergabe
- Abbau von Giften und Fremdstoffen
- Umbau von Giften und Fremdstoffen
- Herstellung der Gallensäure, die die Verdauung von Fetten unterstützt

Wird die Leber über eine langanhaltende Dauer von schädlichen Stoffen belastet, hat dies meist schwerwiegende Erkrankungen zur Folge. Die bekannteste Erkrankung der Leber ist dabei die Fettleber. Das nachfolgende Kapitel liefert Ihnen hierzu weiterführende Informationen.

Faktoren, die die Leber belasten können

Da die Leber in unserem Körper vielfältige Aufgaben übernimmt, ist es wichtig, sie dauerhaft gesund zu halten. Gerät sie aus dem Takt und arbeitet sie nicht mehr richtig, kann dies für unsere Gesundheit und die Prozesse innerhalb unseres Körpers schwerwiegende Folgen haben.

Für die Entstehung einer Leberschädigung oder Erkrankung lauern innerhalb unseres Lebens vielfältige Gefahren. In erster Linie zählt hierzu ein ungesunder Lebenswandel, der sich neben zu wenig Bewegung auch aus einer nicht ausreichend ausgewogenen Ernährung ergibt. Auch ein maßloser Alkoholkonsum sowie die Einnahme von Medikamenten, die die Leber schädigen können, oder anderen schädlichen Substanzen tragen dazu bei, dass unsere Leber einen Schaden nehmen kann. Daneben gibt es weitere Faktoren, die das Risiko einer kranken Leber fördern können. Hierzu gehören zusammengefasst die nachfolgenden Faktoren:

- die Aufnahme von Giften, die die Leber schädigen können (zum Beispiel Medikamente oder illegale Substanzen wie Drogen)
- ein übermäßiger Alkoholkonsum
- ein ungesunder Lebenswandel, der durch zu wenig Bewegung und durch ein Übermaß an Nahrung ausgezeichnet ist
- eine Fehlernährung, bei der die Kalorien- und Fettzufuhr zu hoch ist
- eine Fehlernährung, bei der ein Mangel vorliegt

- das Vorliegen von Stoffwechselerkrankungen (zum Beispiel Diabetes mellitus, Funktionsstörung der Schilddrüse, zu hohe Cholesterinwert oder eine Blutfetterhöhung sowie ein erhöhter Triglyzerid-Spiegel
- eine Infektion mit Viren, Bakterien und Parasiten, die die Leber schädigen können (zum Beispiel Hepatitisviren)
- erblich bedingte Erkrankungen (zum Beispiel die Eisenspeicherkrankheit oder die Hämochromatose)
- eine Herzinsuffizienz

Menschen, auf die mehrere dieser Faktoren zutreffen, haben ein besonders hohes Risiko, an einer Funktionsstörung der Leber zu erkranken. Dies ist zum Beispiel der Fall, wenn Übergewicht, ein übermäßiger Alkoholkonsum sowie die Einnahme von Medikamenten, die die Leber schädigen können, zusammentreffen.

Stoffwechselstörungen und Ernährung

Diese Risikofaktoren sind insbesondere deshalb relevant, da die Leber innerhalb des menschlichen Stoffwechsels eine zentrale Rolle einnimmt. Aus diesem Grund kann eine ungesunde Ernährung der Leber maßgeblich schaden. Ebenso verhält es sich mit einer übermäßigen Zufuhr von Kalorien und Fetten. Zwar führt dies zu einer Speicherung von Energie innerhalb des Fettgewebes, gleichzeitig werden Fette jedoch auch in der Leber gespeichert. Hieraus ergibt sich in der Folge nicht selten Übergewicht sowie eine Leberverfettung. Man spricht dann auch von einer sogenannten Fettleber (hierauf wird das nachfolgende Kapitel noch etwas genauer eingehen). Geht mit dieser Lebensweise ein Bewegungsmangel einher, kann sich dieser Effekt noch weiter zuspitzen. In diesen Fällen kann sich die Verfettung der Leber zu einer Entzündung weiterentwickeln. Die Folge sind Stoffwechselerkrankungen wie beispielsweise eine Zuckerkrankheit (Diabetes mellitus). In extremen Fällen kann dies durch Stoffwechselstörungen wie einen zu hohen Cholesterin- oder Triglyzerid-Spiegel zu dauerhaften Leberschäden wie einer Leberfibrose oder einer Leberzirrhose führen.

Exkurs: Leberfibrose und Leberzirrhose

Bei der Leberfibrose lagert sich verstärkt Bindegewebe in der Leber ein. Mit Eintreten dieser Erkrankung bilden sich in der Leber zunehmend Narben, die das Risiko auf eine Leberzirrhose verstärken. Ausgelöst wird sie durch eine dauerhafte (chronische) Entzündung (zum Beispiel eine chronische Hepatitis oder eine ausgeprägte Leberverfettung).

Der Begriff der Leberzirrhose beschreibt eine schwerwiegende Erkrankung der Leber. Sie entsteht durch dauerhafte Belastungen (wie zum Beispiel einen überhöhten Konsum von Alkohol). Mit Fortschreiten der Erkrankung wird gesundes Lebergewebe zugrunde gerichtet und durch Bindegewebe ersetzt, das seine Funktion nicht aufrechterhalten kann. Bei diesem Prozess verändert sich die Leber durch die Bildung von Narben und Schrumpfprozessen. Ihre Aufgaben kann sie dann nicht mehr ordnungsgemäß erfüllen. Aus diesem Grund ist eine Leberzirrhose eine Erkrankung, die sich nicht rückgängig machen lässt. Vielmehr kann ausschließlich das Fortschreiten aufgehalten werden.

Alkoholkonsum und Zufuhr von Giftstoffen

Auch eine übermäßige Alkoholzufuhr kann Fetteinlagerungen in der Leber verursachen. In diesem Fall leidet die Leber unter Entzündungsprozessen, die, wenn sie nicht gestoppt werden, ebenfalls zu einer erhöhten Bildung von Bindegewebe führen kann (Leberfibrose). Über Jahre hinweg ergibt sich auch hieraus eine Leberzirrhose. Ähnlich wie Alkohol können auch schädliche Chemikalien der Leber schaden. Hierzu zählen neben Giftstoffen, die in der Umwelt angetroffen werden (zum Beispiel auch Umweltgifte und Industriegifte), Medikamente, die aufgrund von spezifischen Erkrankungen eingenommen werden müssen.

Hepatitisviren

Infektiöse Virusinfektionen können der Leber schaden. Ein besonderes hohes Risiko für eine mögliche Hepatitis-Infektion trifft Reisende, die sich beispielsweise in tropischen oder subtropischen Regionen aufhalten. Hier sind Viren wie Hepatitis A weiter verbreitet als in westlichen Breiten. Neben Hepatitis-A-Viren sind Hepatitis-B- und Hepatitis-C-Viren besonders gefährlich für die Leber.

Erbliche Erkrankungen oder Erkrankungen im Allgemeinen

Erbliche Erkrankungen können sich ebenfalls schädlich auf die Leber auswirken. So wird bei der Hämochromatose im Darm mehr Eisen als gewöhnlich gespeichert. Hierdurch speichert auch die Leber mehr Eisen ab. Im Laufe der Zeit schädigt dies die Leber und kann, wenn sie nicht behandelt wird, zu einer Leberzirrhose führen. Weniger verbreitet ist hingegen das Wissen darüber, dass auch eine Schwäche des Herzens zu einer Funktionsstörung der Leber führen kann. Dies gilt insbesondere für die Rechtsherzinsuffizienz, bei der das Blut in der Leber zurückgestaut wird. Hierdurch wird der Druck auf die Bausteine der Leber erhöht und diese nachhaltig geschädigt.

Grundsätzlich kann gesagt werden, dass Lebererkrankungen nicht von heute auf morgen entstehen. Sie entwickeln sich zumeist über einen Zeitraum von mehreren Jahren. Meist werden die Erkrankungen der Leber daher durch einen Zufallsbefund entdeckt. Dies kann beispielsweise eine Routineuntersuchung beim Hausarzt sein.

Was Sie tun können, um Ihre Leber zu unterstützen:

- Durch eine gesunde Lebensweise können Sie Leberschäden vorbeugen oder bei einer akuten Erkrankung Ihrer Leber den Genesungsprozess unterstützen. Hierzu sollten Sie darauf achten, dass Sie sich nicht zu fettreich ernähren.
- Sorgen Sie im Alltag für ausreichend Bewegung. Wissenschaftler gehen für die körperliche Aktivität dabei von einem Wert von drei Stunden wöchentlich aus.
- Wenn Sie unter Übergewicht leiden, sollten Sie dieses langsam reduzieren, ohne dass Sie sich Extremdiäten oder Hungerkuren unterziehen. Diese belasten die Leber zusätzlich.
- Leiden Sie unter einer dauerhaften Erkrankung der Leber, sollten Sie auf Genussmittel wie Alkohol verzichten.
- Gegen Lebererkrankungen wie Hepatitis-A und Hepatitis-B können Sie zudem mit Impfungen vorbeugen.

Gefahr Fettleber – das ist damit gemeint

Dass sich aus einem übermäßigen Alkoholkonsum eine verfettete Leber ergeben kann, ist den meisten Menschen bekannt. Die wenigsten jedoch wissen, dass sich auch andere Ursachen hinter der Verfettung der Leber verbergen können.

Von einer Fettleber (Steatosis hepatis) wird im Allgemeinen gesprochen, wenn innerhalb der Leber eine vermehrte Ablagerung von Fettzellen stattgefunden hat. In Zahlen gesprochen spricht man von einer Fettleber, wenn der Fettanteil der Leber mehr als zehn Prozent ihres Gesamtgewichts überschreitet. Je nach dem Ausmaß der Verfettung der Leber werden unterschiedliche Schweregrade unterschieden. Hierzu gehören:

- eine leichtgradige Fettleber (Leber ist zu weniger als ein Drittel verfettet)
- eine mäßige Fettleber (Leber ist zu etwa zwei Drittel verfettet)
- eine schwere Fettleber (Leber ist zu mehr als zwei Drittel verfettet)

Der Verfettungsgrad wird bei der Diagnosestellung meist durch eine histopathologische (feingewebliche) Gewebeprobe bestimmt.

Statistiken gehen davon aus, dass etwa 20 bis 30 Prozent der Bevölkerung der westlichen Welt unter einer Erkrankung in Form einer Fettleber leiden, die nicht durch Alkohol bedingt ist. Das entspricht auf die Gesamtbevölkerung betrachtet etwa einem Drittel der Bevölkerung. Ist diese Fettleber nicht durch Alkohol bedingt, wird sie in den allermeisten Fällen durch zu wenig

Bewegung und eine ungesunde Lebensweise sowie eine nicht ausgewogene Ernährung begründet. Durch diese Lebensweise wird dem Blutkreislauf zu viel Glukose zugeführt, was zu einer erhöhten Produktion von Insulin führt. Dieses „Zuviel“ an Glukose kann beispielsweise durch Bewegung abgebaut werden. Findet diese Bewegung nicht statt, wird die Glukose in unserem Körper als Fett abgespeichert. Hiervon ist vorrangig die Leber betroffen.

Anfänglich bereitet eine Fettleber kaum Symptome, sodass Betroffene zunächst nichts bemerken. Erst wenn eine Vergrößerung der Leber eintritt, treten erste Symptome auf. Schreitet die Erkrankung somit voran, ergibt sich häufig aufgrund einer aufkommenden Entzündung der Leber ein erhöhter Druck im rechten Oberbauch, der von Betroffenen oftmals als Völlegefühl wahrgenommen wird. Auch Schmerzen im Bereich der Leber können auftreten. Nicht zuletzt ergeben sich Symptome wie Erbrechen, Übelkeit oder in seltenen Fällen Fieber. Bei langanhaltenden Problemen mit der Leber kann sich darüber hinaus eine Gelbfärbung der Haut ergeben. Daneben können unspezifische Anzeichen wie beispielsweise Blähungen, Müdigkeit, Appetitverlust oder Abgeschlagenheit auftreten.

Wird die Fettleber nicht behandelt, schreitet die Erkrankung in den meisten Fällen in eine Leberentzündung fort, die sich im weiteren Verlauf in eine Leberzirrhose fortentwickeln kann. In diesen Fällen drohen schwerwiegende gesundheitliche Komplikationen, die bis zu einem Leberversagen fortschreiten können. Wird eine Fettleber hingegen rechtzeitig erkannt und behandelt, kann sie vollständig geheilt werden.

Zunächst ist eine Leberverfettung nicht bedrohlich. Dies gilt jedoch nur, wenn dieser Verfettung mit der entsprechenden Ernährungsform entgegengewirkt und die Leberverfettung langfristig abgebaut wird. Hierzu ist in erster Linie die Veränderung des Lebensstils sowie der Essgewohnheiten nötig. Auch regelmäßiger Sport und eine verringerte Kalorienzufuhr und der Verzehr von fett- und zuckerarmen Lebensmitteln kann hierbei unterstützen. Was Sie hierzu beachten sollen, erfahren Sie in den nachfolgenden Kapiteln.

Wie die Leber ihr Fett wegbekommt

SO ERNÄHREN SIE SICH LEBERFREUNDLICH

Wie Sie bereits gelernt haben, kann zur Verhinderung und Entlastung einer belasteten Leber die Ernährung eine wichtige Rolle spielen. Die Zusammensetzung der Nahrung, die Sie aufnehmen, spielt daher eine wichtige Rolle für den Schutz Ihrer Leber.

Zunächst einmal sollte für ein Leberfasten oder eine leberfreundliche Ernährung daher ein Blick auf generelle Grundsätze dieser Ernährungsform gelegt werden. Ihre Leber können Sie daher unter den nachfolgenden Gesichtspunkten besonders unterstützen:

- Trinken Sie ausreichend Wasser. Eine ausreichende Zufuhr von Wasser unterstützt Ihre Leber in ihren Funktionen. Am besten eignet sich hierzu stilles Mineralwasser. Als Richtwert wird eine Flüssigkeitsmenge von 1,5 Litern täglich angeführt. Diese Menge stellt das Minimum dar, sodass mehr immer besser ist. Insbesondere in den wärmeren Phasen des Jahres sollten Sie Ihre Flüssigkeitszufuhr erhöhen. Hier können Sie beispielsweise mit einem einfachen Trick arbeiten: Überwachen Sie Ihre Trinkmenge mit einer entsprechend großen Flasche. Auf diese Weise wissen Sie genau, wie viel Flüssigkeit Sie zugeführt haben.

- Vermeiden Sie schädliche Substanzen wie Alkohol oder Nikotin. Ein regelmäßiger Konsum dieser Substanzen versetzt Ihre Leber langfristig unter Hochdruck, da sie ständig damit beschäftigt ist, Giftstoffe abzutransportieren und diese nach außen zu transportieren. Zudem kann die Leber bei diesen Vorgängen verfetten, da sie Alkohol in Fett umwandeln. Dies erschwert die Entgiftung und kann zu weiteren Erkrankungen führen, weshalb Sie die Zufuhr dieser Stoffe grundsätzlich vermeiden sollten.
- Darüber hinaus sollten Sie Ihren Zuckerkonsum reduzieren. Zucker wird im Körper zu Kohlenhydraten umgebaut. Diese begünstigen die Entstehung einer Fettleber, wenn sie im Übermaß zugeführt werden. Zudem kann die übermäßige Zufuhr von Zucker die Entstehung von Erkrankungen wie Übergewicht und Diabetes begünstigen. Aus diesem Grund sollten Sie im Rahmen Ihrer Ernährung auf eine reduzierte Zufuhr von Kohlenhydraten achten. Insbesondere Kohlenhydrate, die den Blutzuckerspiegel schnell stark steigen lassen (also kurzkettige Kohlenhydrate wie beispielsweise Backwaren, Süßigkeiten und Weißmehlprodukte). Gerade bei kurzkettigen Kohlenhydraten schüttet der Körper verstärkt Insulin aus, wodurch die Wirkung des Hormons verloren gehen kann. Aus diesem Grund ist es wichtig, dass Sie auf Produkte zurückgreifen, die Ihren Blutzuckerspiegel konstant halten (zum Beispiel Vollkornprodukte, Haferflocken oder Kartoffeln). Hierzu erhalten Sie im Rahmen der weiteren Ausführungen weitergehende Informationen.
- Außerdem sollten Sie darauf achten, dass Sie ungesunde Fett vermeiden, da diese Produkte der Leber schaden können. Hierzu zählen beispielsweise Produkte wie Schweinefleisch, Sahne oder fetthaltiger Käse. Auch Transfette, die in frittierten Lebensmitteln oder Backwaren vorkommen, sollten von Ihnen vermieden werden. Ungesunden Fetten sollten Sie daher hochwertige, ungesättigte Fett bevorzugen. Diese finden Sie beispielsweise in Fischprodukten, Algen oder Leinöl.
- Auch der Konsum von grünem Tee soll nachweislich die Leber unterstützen. Das in ihm enthaltene Koffein wird anders als beim Kaffee nur langsam abgegeben, sodass der vermehrten Fettansammlung in der Leber vorgebeugt werden kann.

• Eine weitere Möglichkeit, die Leber zu entlasten, besteht in der Art und Weise der Nahrungsaufnahme. So wird dem intermittierenden Fasten nachgesagt, die Leber besonders zu entlasten. Beim intermittierenden Fasten wird 16 Stunden lang auf die Aufnahme von Nahrung verzichtet, während in den anschließenden 8 Stunden ganz normal Nahrung aufgenommen werden kann.

• Neben dem intermittierenden Fasten eignen sich sogenannte Entlastungstage, die Sie in Ihre Ernährungsform integrieren können. Wenn Sie Entlastungstage einbauen, wählen Sie zwei Tage der Woche aus, an denen Sie nur maximal 800 Kalorien aufnehmen. Dies entlastet Ihre Leber und unterstützt sie dabei, sich zu regenerieren.

• Auch Hafertage werden zum Leberfasten empfohlen. Hierbei ernähren Sie sich beispielsweise eine ganze Woche im Zeichen des Hafers. Hafer verzehren Sie dann sowohl zum Frühstück als auch zum Mittag- und Abendessen. Für den Abend greifen Sie dabei auf Hafer in Wasser oder Bouillon zurück. Diese Brühe können Sie etwas mit einem Gemüse anreichern, das wenig Stärke enthält.

• Daneben können Sie auf eine besondere Form der Low-Carb-Ernährung zurückgreifen. Sie verfolgt das Ziel, den Blutzucker- und Insulinspiegel durch die Reduktion von Kohlenhydraten zu erwirken. Hierbei wird die Ernährung so aufgebaut, dass der Hauptanteil der Nahrung (50 %) aus Gemüse, Obst und gesunden Fetten besteht. Das Gemüse sollte dabei stärkearm sein, das Obst zuckerarm. Ergänzt werden sollten diese Produkte durch sättigende Eiweiße (25 %). Außerdem sollten Sie bei dieser Form der Ernährung auf komplexe, also langkettige Kohlenhydrate zurückgreifen (25 %). Zuckerhaltige kurzkettige Kohlenhydrate sollten so weit es geht vermieden werden.

• Neben einer ausgewogenen Ernährung sollten Sie in Ihrem Alltag auf ausreichend Bewegung achten. Dies kann Ihre Leber ebenfalls entlasten und sich positiv auswirken.

• Nebstdem sollte der Konsum von zu viel Eiweiß vermieden werden. Gemäß offizieller Ernährungsrichtlinien benötigen wir pro kg Körpergewicht 0,8 g Eiweiß. Diese Menge sollte nach Möglichkeit nicht unterschritten werden.

Eiweiß trägt zur Sättigung bei und sorgt dafür, dass die Muskeln gut versorgt bleiben.

- Um Ihre Leber zu unterstützen, können Sie zudem auf rohes Gemüse und Früchte zurückgreifen. Diese Produkte helfen bei der Reinigung und dem Wiederaufbau der natürlichen Funktion der Leber. Zudem unterstützen sie dabei, Fette und Giftstoffe aus dem Blutkreislauf abzutransportieren. Hier können Sie beispielsweise auf Salate mit natürlichen Dressings oder Rohkostsäfte zurückgreifen, da diese Entzündungen hemmen. Darüber hinaus dienen Rohkost und Früchte hier als Lieferant für Antioxidantien, Mineralien und Vitaminen, die Ihre Leber zum Fasten benötigt. Achten Sie bei der Auswahl Ihrer Früchte darauf, dass diese wenig Fruchtzucker (Fructose) enthalten, da auch dieser die Leber belastet. Besonders geeignet sind beispielsweise Beeren.
- Achten Sie zudem darauf, dass Sie während der einzelnen Mahlzeiten ausreichend Pausen einhalten. Das ist vor allem deshalb wichtig, da die Leber während den Mahlzeiten Pausen benötigt. Hier reichen zwei bis maximal drei Mahlzeiten täglich. Dazwischen sollten Sie nichts verzehren. Bei Getränken sollten Sie zwischen den Mahlzeiten ausschließlich auf Wasser und ungesüßte Tees zurückgreifen.
- Für Ihre Lebergesundheit sollten Sie auch Ihren Darm im Blick halten. Das bedeutet, ein gesundes Mikrobiom, also die Gesamtheit der guten Bakterien in unserem Darm, sorgt dafür, dass Schadstoffe und Bakterien unseren Körper nicht belasten, wodurch unsere Leber unterstützt wird.
- Neben den benannten Produkten sind Bitterstoffe wichtig für eine gesunde Leber. Sie haben eine antientzündliche Wirkung und stärken das Immunsystem. Durch die Stimulation von Leber und Galle wird die Fettverdauung angeregt und das überschüssige Fett abgebaut. Als Lebensmittel eignen sich hier besonders Produkte wie Grünkohl, Rucola, grüne Paprika sowie frische Kräuter.
- Grundsätzlich ist es darüber hinaus wichtig, dass Sie auf ausreichend Schlaf achten. Auf diese Weise hat Ihr Körper die Gelegenheit, ausreichend zu entgiften und sich von den Strapazen zu erholen. Ein geregelter Schlafrhythmus kann dabei hilfreich sein.

Bevor im weiteren Verlauf der Blick auf Lebensmittel gerichtet wird, die einer leberfreundlichen Ernährungsweise nicht zuträglich sind, erhalten Sie im Folgenden eine Übersicht über die Produkte, die sich für das Leberfasten eignen.

KATEGORIE	LEBENSMITTEL
zuckerarmes Obst für den täglichen Verzehr (bis 150 bis 200 g am Tag)	Äpfel Aprikose Avocado Beeren Brombeeren Cranberrys Erdbeeren Heidelbeeren Himbeeren Holunder Johannisbeeren Kiwis Kokos Limetten Papayas Pfirsiche Preiselbeeren Quitten Rhabarber Sanddorn Zitronen
Obst, das nur in Maßen verzehrt werden sollte	Bananen (niedriger Reifegrad) Grapefruits Orangen Pflaumen Sauerkirschen Stachelbeeren Wassermelonen Zwetschgen
Gemüse für den täglichen Verzehr (bis zu 400 bis 1000 g)	Algen Artischocken Bambussprossen Blumenkohl Brokkoli Champignons Chinakohl Esskastanien

	Fenchel Frühlingszwiebeln grüne Bohnen Grünkohl, gekocht Gurken Knoblauch Kohl, alle Sorten Kohlrabi Kürbis Lauch Löwenzahn Mairüben Mangold Möhren Pak Choi Pastinaken Pilze Portulak Radieschen Rettich Rosenkohl Rote Bete Rotkohl Rucola Salate Sauerampfer Sauerkraut Selleriegrün, Wurzelsellerie Sojasprossen Spargel Spinat Steckrüben Weißkohl Wirsingkohl Zucchini Zwiebeln

Hülsenfrüchte (sofern bekömmlich)	Buschbohnen dicke Bohnen Erbsen Erdnüsse gelbe Bohnen grüne Bohnen Lupinen Platterbsen Sojabohnen, Edamame, Tofu, weiße Bohne Zuckerschoten
Kräuter und Gewürze, die sich für den täglichen Verzehr eignen	Bärlauch Basilikum Bohnenkraut Borretsch Brennnessel Curry Gewürznelke Ingwer Knoblauch Koriander Kresse Kreuzkümmel Kümmel Kurkuma Lorbeer Löwenzahn Majoran Meerrettich Muskat Oregano Piment Rosmarin Salbeigewürz schwarzer Pfeffer Schwarzkümmel Schwarzkümmel Sellerie Senf Thymian Vanille Zimt

Tees und Getränke, die die Leber unterstützen können	Brennnesseltee frische Gemüsesäfte Früchtetee Ginsengtee Hagebuttentee heiße Zitrone Ingwertee Kamillentee koffeinfreier Kaffee Pfefferminztee Salbeitee Zitronengras Zitronenmelisse
Getränke und Tees, die nur bei Bekömmlichkeit und in geringen Maßen verzehrt werden sollten	Grüner Tee Kaffee Matchatee Schwarzer Tee
leberfreundliche Nüsse und Samen	Akaziensamen Chiasamen Flohsamenschalen Kokosraspeln Kürbiskerne Leinsamen Macadamianüsse Mandeln Mohn Pinienkerne Pistazien Sonnenblumenkerne Sesam Walnüsse
Getreidesorgen, die sich für den täglichen Verzehr eignen (etwa 100 g Vollkorngetreide pro Tag)	Nudeln und Mehle sollten aus den nachfolgenden Produkten bestehen: Amaranth Buchweizenvollkorn Dinkelvollkorn Einkornvollkorn Hafervollkorn Hanf Hirsevollkorn Dinkelgrünkern Kichererbsen Kokos

	Quinoa Roggenvollkorn Gerstenvollkorn Vollkornreis Weizenvollkorn
Milchprodukte, die sich für den täglichen Verzehr eignen	Buttermilch fettarmer Joghurt (1,5 % Fett) fettarme Milch (1,5 % Fett) Harzer Rolle körniger Frischkäse Kefir Magerquark Speisequark (maximal bis 20 % Fett)
Milchprodukte, die in geringen Mengen verzehrt werden sollten	Butter Käse Feta Frischkäseprodukte Mozzarella Vollmilch
Alternative Milchprodukte (hier sollten Sie auf weniger als 5 g Zucker achten!)	Cashewmilch Cashewjoghurt Hafermilch Haferjoghurt Hanfmilch Hanfjoghurt Kokosmilch Kokosjoghurt Mandelmilch Mandeljoghurt Sojamilch Sojajoghurt
Fleischprodukte (hier sollten Sie darauf achten, dass Sie diese nur maximal zweimal wöchentlich verzehren.)	Geflügel Hase Hühnerfleisch Kalb Lamm Putenfleisch Reh Rind
Wurst	aus oben aufgeführten Fleischsorten mit möglichst wenig Zucker und Konservierungsstoffen

Fleischlose Alternativen	Ersatzprodukte aus Erbsenprotein Hanfprotein Reisprotein
Fisch und Meeresfrüchte für den regelmäßigen Verzehr	Forelle Hering Kabeljau Karpfen Makrele Sardellen Sardine Schalentiere Scholle Seelachs Steinbutt Wildlachs
Brotaufstriche	Avocadomus Erdmandelcreme Fruchtbrei aus Fruchtzuckerarmen Früchten Mandelmus
Süßes	Zartbitterschokolade
Fette und Öle für den regelmäßigen Gebrauch	Hanföl Kokosöl Kürbisöl Leinsamenöl Macadamiaöl Mandelöl Margarine aus Rapsöl Olivenöl Rapsöl Weizenkeimöl
Fette und Öle, die in kleinen Mengen verzehrt werden sollten	Butter Sonnenblumenöl Walnussöl

Neben diesen Lebensmitteln gibt es einige Produkte, die für die Unterstützung der Leber täglich konsumiert werden können, weil sie die Arbeit der Leber unterstützen. Hierzu zählen die nachfolgenden Produkte:

Grapefruit

Sie wird häufig auch als Königin unter den Zitrusfrüchten bezeichnet. Grapefruits enthalten ausreichend Antioxidantien, Pektin und weisen ein hohes Maß an Vitamin C auf. Aufgrund dieser Inhaltsstoffe können Sie mit dem Konsum von Grapefruits die Reinigungsarbeiten Ihrer Leber unterstützen und ihr bei der Neutralisierung von Schadstoffen wie beispielsweise freien Radikalen hilfreich sein. Zudem unterstützen Sie die Senkung des Cholesterinspiegels, unterstützen die Entgiftung und tragen zum Erhalt der Gesundheit des Herzens bei. Nicht zuletzt helfen Grapefruits dabei, den Fettabbau zu unterstützen.

Blaubeeren

Blaubeeren enthalten Polyphenol. Bei Polyphenolen handelt es sich um sekundäre Pflanzenstoffe. Diese schützen den Körper vor freien Radikalen. Außerdem hemmen sie Entzündungen. Polyphenol gilt daher auch als Schutzmittel der Leber. Hinsichtlich einer entstehenden Leberzirrhose tragen Blaubeeren dazu bei, dass sich Narbengewebe auf der Leber langsamer bilden kann.

Avocado

Avocados enthalten einen Stoff, der auch in den Zellen unserer Leber vorkommt. Hierbei handelt es sich um Glutathion. Glutathion unterstützt Stoffwechselprozesse und spielt damit eine wichtige Rolle im Schutzsystem der Leber. Das liegt vor allem daran, dass der in Avocados enthaltene Stoff zur Bildung neuer Leberzellen beiträgt.

Brokkoli und Kreuzblütler im Allgemeinen

Kreuzblütler wie beispielsweise Brokkoli, Rotkohl oder Rosenkohl können in unserem Körper Giftstoffe neutralisieren. Aus diesem Grund unterstützen sie die Leber und regen die Tätigkeit an.

Hafer

Haferprodukte enthalten Stoffe, die entfettend wirken und die Leber entgiften. Hierdurch wird der Fettstoffwechsel unterstützt. Des Weiteren tragen sie dazu bei, dass der Cholesterinspiegel niedrig bleibt. Auf diese Weise wird die Leber bei ihrer Regeneration unterstützt.

Quinoa

Quinoa-Samen haben eine lange Tradition. Bereits vor etwa 6000 Jahren galten sie als „Superkraft" unter den Nahrungsmitteln und wurden von den Inkas verzehrt. Heute werden sie als sogenanntes Superfood bezeichnet, da sie ein hohes Maß an gesunden Bestandteilen enthalten. Für die Leber ist hierbei vor allem Zink von zentraler Bedeutung. Dieses trägt dazu bei, dass die Leberzellen wachsen können und sich Abwehrstoffe entwickeln.

Artischocken

Auch die Artischocke blickt auf eine lange Tradition in der Geschichte zurück. Sie wurde bereits bei den Römern eingesetzt, um eine ungesunde Leber zu regenerieren. Dies liegt vor allem begründet in den zahlreichen enthaltenen Bitterstoffen, die die Bildung von Magensäure anregen und damit die Leber in ihrer Funktion unterstützen.

Rote Bete

Rote Bete trägt aufgrund seiner Inhaltsstoffe dazu bei, dass der Cholesterinspiegel gesenkt wird. Hierdurch wird die Leber entlastet. Zudem wirkt sie entzündungshemmend und unterstützt den Entgiftungsprozess.

Chili

Chili verbessert die Glukosetoleranz der Zellen. Sie schützt die Leber aufgrund des enthaltenen Capsaicin vor Schäden und senkt die Blutzuckerwerte und den Insulinspiegel.

Bitte bedenken Sie, dass diese Auflistung noch keinen Anspruch auf Vollständigkeit erhebt. Vielmehr soll sie Ihnen im Rahmen des Leberfastens als Orientierung in Ihrem Alltag dienen. Nachdem Sie nun die Produkte kennengelernt haben, die Sie bedenkenlos verzehren können, wird es im Nachgang darum gehen, Ihnen die Lebensmittel aufzuzeigen, die Sie nach Möglichkeit aus Ihrem Ernährungsplan streichen sollten.

DIESE LEBENSMITTEL SOLLTEN SIE MÖGLICHST VERMEIDEN

Lebensmittel, die Sie für das Leberfasten verzehren können, haben Sie bereits kennengelernt. Aus diesem Grund wird es im weiteren Verlauf darum gehen, aufzuzeigen, welche Lebensmittel für die Leber eher zu vermeiden sind. Hierzu gehen wir erneut tabellarisch vor.

KATEGORIE	LEBENSMITTEL
Obst, das sich aufgrund seiner Inhaltsstoffe nicht für den Verzehr eignet	Ananas Banane Birne Dattel Feige Granatapfel Hagebutte Honigmelone Kiwi Kirsche Litschi Mandarine Mango Mirabelle Nashi-Birne Nektarine Physalis Weintraube

Produkte, die aus Obst bestehen und sich nicht für den Verzehr eignen	gezuckerte Früchte gezuckertes Apfelmus Marmeladen Obstkonserven Trockenobst
Ungeeignetes Gemüse, das zu Fertigprodukten verarbeitet wurde	Dosengemüse (wie zum Beispiel Mais, Erbsen, Kidneybohnen, Spargel, Champignons) Gewürzgurken Krautsalat
Hülsenfrüchte im getrockneten Zustand, die nicht verzehrt werden sollten	Erbsen Kichererbsen Kidneybohnen Linsen Mungbohnen schwarze Bohnen
In sehr kleinen Mengen zu verzehren aufgrund des Stärke- und Zuckergehalts	Kartoffeln Mais Süßkartoffeln
Ungeeignete Nüsse und Samen	Cashewnüsse Erdnüsse Erdnussmus gesalzene Nussvariationen kandierte Nüsse
Getreideprodukte, die sich nicht für den Verzehr eignen	Basmatireis Cornflakes Croissant Graubrot Jasminreis Kuchen Langkornreis Laugenbrötchen Milchbrötchen Nudeln Parboiled Reis Pasta aus Hartweizengrieß Pizzateig Reismehl Reiswaffeln sämtliche Weißmehlerzeugnisse Spätzle Toastbrot Waffeln

	Weißbrot weißer Reis Zwieback
Milchprodukte, die sich nicht für den Verzehr eignen	Crème fraîche Eier Fruchtbuttermilch Fruchtjoghurt Fruchtquark Joghurt (3,5 % Fett) Milchreis Pudding Sahne Sahnequark (40 % Fett) saure Sahne Schmand
Ungeeignete Fleisch- und Wurstwaren	Aufschnitt aus Schweinefleisch Bockwurst Bratwurst geräuchertes Fleisch Leberwurst Mett Mortadella paniertes Fleisch Salami Schweinefleisch stark verarbeitete Fleisch- und Wurstwaren Wiener Würstchen Würstchen aus Schweinefleisch
Fleischlose Alternativen, die vermieden werden sollten	Sojaersatzprodukte
Fischsorten, die aufgrund ihrer Inhaltsstoffe belastend für die Leber sind	Aal eingelegter Fisch in Sahne oder Mayonnaise Hecht Heilbutt Rotbarsch Schnapper Schwertfisch Thunfisch

Brotaufstriche, die sich nicht eignen	Marmelade Schokoladenaufstrich Süßwaren zuckerhaltige Brotaufstriche im Allgemeinen
Ungeeignete Fette	Butterschmalz Distelöl Erdnussöl Kürbisöl Margarine aus Sonnenblumenöl Margarine mit gehärteten Fetten Mayonnaise Palmfett Schweine- und Gänseschmalz Sonnenblumenöl (raffiniert) Traubenkernöl
Getränke, die der Leber schaden	alkoholische Getränke im Allgemeinen Alsterwasser Bier Light-Getränke Limonaden Milchmixgetränke Säfte Saftschorlen Sekt Softdrinks Wein

Nachdem Sie nun eine Übersicht über die jeweiligen Lebensmittel erhalten haben, finden Sie in den nachfolgenden Kapiteln einige Anregungen zu Rezepten, die sich für das Leberfasten eignen.

Leberfasten Rezepte

Frühstück

PORRIDGE MIT BEEREN UND MANDELN

4 Port.

25 Min.

Leicht

Zutaten

400 ml Milch (1,5 % Fett) (oder alternativ Pflanzendrink wie zum Beispiel Mandeldrink)
1 EL Honig
200 g blütenzarte Haferflocken
60 g gehobelte Mandelkerne
300 g Erdbeeren
Je 150 g Himbeeren und Blaubeeren
1 Zitrone

Nährwerte p. P.

310 kcal
47 g Kohlenhydrate
6 g Fett
11 g Eiweiß

1 Bringen Sie zunächst die Milch zusammen mit dem Honig in einem Topf zum Kochen. Dann rühren Sie die Haferflocken ein. Diese Masse lassen Sie bei geringer Hitze für eine Dauer von 5 bis 10 Minuten unter ständigem Rühren köcheln. Bei diesem Vorgang sollten die Haferflocken aufquellen.

2 In der Zwischenzeit können Sie die Mandeln in einer ungefetteten Pfanne rösten. Der Garpunkt ist erreicht, wenn Sie die Aromen in der Nase wahrnehmen können.

3 Im nächsten Schritt waschen Sie die Beeren gründlich. Dann trocknen Sie die Beeren und putzen sie. Die Erdbeeren schneiden Sie in Viertel. Die Zitrone waschen Sie heiß ab und trocknen sie ebenfalls. Dann reiben Sie etwas Schale ab.

4 Anschließend können Sie das Porridge vom Herd nehmen und es auf die Schalen aufteilen. Verzieren Sie im Anschluss mit den Beeren, Mandeln und dem Abrieb der Zitrone.

Tipp: Sollten Beeren saisonal bedingt nicht verfügbar sein, können die Obstsorten auch durch andere Sorten ersetzt werden. Hier eignen sich vor allem Äpfel, Orangen oder Birnen. Auch Mandeln können durch andere Nusssorten ausgetauscht werden. Auf diese Weise können Sie dieses Frühstück in verschiedenen Weisen variieren, sodass es nicht eintönig für Sie wird.

VOLLKORNBROT MIT HÜTTENKÄSE

1 Port. 5 Min. Leicht

Zutaten

1 Scheibe Vollkornbrot
etwas Hüttenkäse (etwa 50 g)
Je 1 Prise Salz und Pfeffer
Petersilie
2 bis 3 Radieschen (etwa 50 g)

Als Beilage:
Rohkost
1 Apfel

Nährwerte p. P.

126 kcal
15 g Kohlenhydrate
3 g Fett
9 g Eiweiß

5 Die Zubereitung für dieses Gericht ist denkbar einfach. Zunächst waschen Sie die Rohkost und schneiden sie in dünne Streifen. Hier können Sie aus der in diesem Kochbuch angeführten Liste wählen, welche Produkte Ihnen am ehesten zusagen.

6 Im Anschluss geben Sie mit einem Löffel etwas Hüttenkäse auf Ihr Vollkornbrot und bestreichen dieses damit. Waschen Sie dann die Radieschen und schneiden Sie diese in Hälften.

7 Im nächsten Schritt waschen Sie die Petersilie und zerkleinern diese in kleine Stücke. Dann füllen Sie etwas Hüttenkäse in eine Schüssel und geben die Petersilie hinein. Anschließend würzen Sie mit Salz und Pfeffer. Den Dip können Sie zur Rohkost servieren.

8 Waschen Sie den Apfel im Anschluss und schneiden Sie diesen in Spalten. Dann können Sie das Frühstück servieren.

Tipp: Ein Frühstück, das dem Leberfasten zuträglich ist, soll die Leber zunächst reinigen. Hierfür sorgen die Radieschen aufgrund ihrer Bitterstoffe. Zur Stärkung trägt der Hüttenkäse bei, da er der Leber die richtigen Proteine liefert, die sie für die Regeneration benötigt. Unterstützend können Sie auf eines der Tee-Rezepte für das Frühstück zurückgreifen, da diese die Leber ebenfalls reinigen.

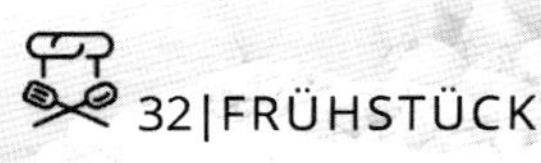

FRÜCHTEQUARK MIT LEINÖL

1 Port.

10 Min.

Leicht

Zutaten

3 EL Magerquark
3 EL Milch (3,5 % Fett)
2 EL kaltgepresstes Bio-Leinöl
1 Spritzer Zitronensaft
1 Handvoll Obst nach Wahl (zum Beispiel Banane, Himbeeren oder Erdbeeren)
1 TL geschrotete Leinsamen (oder alternativ Mandelsplitter)
1 TL Holunderblütensirup (nach Belieben)

Nährwerte p. P.

349 kcal
24 g Kohlenhydrate
23 g Fette
11 g Proteine

1 Geben Sie alle Zutaten bis auf das Obst in einen Mixer oder eine Schale, in der Sie es pürieren können.

2 Im nächsten Schritt zerkleinern Sie das Obst in mundgerechte Stücke. Dann geben Sie den Quark in eine Schale und verzieren ihn mit dem Obst und den Mandelsplittern.

3 Im Anschluss beträufeln Sie ihn mit etwas Holunderblütensirup.

Tipp: Die Zubereitung kann auch mit Alternativen aus pflanzlichen Stoffen hergestellt werden. Das kaltgepresste Leinöl verfügt über einen hohen Anteil an Alpha-Linolsäure. Diese trägt in unserem Körper dazu bei, dass der Blutdruck reguliert wird und sich der Cholesterinspiegel einpendelt. Außerdem steigert der Konsum von Leinöl die Konzentration sowie die Denkfähigkeit.

RÜHREI MIT PAPRIKA

1 Port. 20 Min. Leicht

Zutaten

1 Ei (Größe M)
1 EL Wasser
½ Paprika
frische Kräuter
1 Lauchzwiebel
etwas Olivenöl
Je 1 Prise Salz und Pfeffer
etwas Himbeeressig

Nährwerte p. P.

219 kcal
7 g Kohlenhydrate
12 g Fett
7 g Eiweiß

1 Zunächst waschen Sie die Paprika. Dann entfernen Sie die Kerne und putzen sie. Schneiden Sie die Paprika und Lauchzwiebel in feine Streifen und hacken Sie die Kräuter klein.

2 Vermischen Sie dann das Ei mit dem Wasser, dem Pfeffer und dem Salz. Geben Sie die Kräuter hinzu.

3 Erhitzen Sie das Öl in der Pfanne und geben Sie die Eimischung hinein. Dann rühren Sie die Masse so lange, bis die gewünschte Konsistenz erreicht ist.

4 Nachdem Sie das Ei auf dem Teller angerichtet haben, können Sie es mit etwas Himbeeressig beträufeln.

Tipp: Diese Mahlzeit eignet sich, wenn es schnell gehen muss, auch als Hauptgericht.

DETOX FRÜHSTÜCKS-SMOOTHIE

1 Port.

15 Min.

Leicht

Zutaten

2 Bananen
250 g wilde Blaubeeren in gefrorener Form alternativ 2 EL wildes Blaubeerpulver
etwas Saft einer Orange
1 TL Gerstengras
1 TL Spirulina
1 EL atlantische Dulse (essbare Alge aus der Familie der Rotalgen)
25 g Koriander

Nährwerte p. P.

334 kcal
83 g Kohlenhydrate
4 g Fett
8 g Eiweiß

1 Für die Zubereitung geben Sie die Zutaten in einen Hochleistungsmixer.

2 Dann verarbeiten Sie die Zutaten zu einem Smoothie und servieren ihn im Glas.

Tipp: Dieser Smoothie entgiftet die Leber von Schwermetallen. Das liegt vor allem begründet in seinen Inhaltsstoffen. Damit die gefrorenen Beeren sich leichter pürieren lassen, sollten Sie diese am Abend vorher aus der Kühltruhe nehmen. Wer nicht auf Beeren in gefrorener Form zurückgreifen möchte, kann alternativ den Saft von wilden Blaubeeren (ungesüßt) verwenden.

Salate

FELDSALAT MIT SHIITAKE-PILZEN

2 Port.

20 Min.

Leicht

Zutaten

200 g Feldsalat
80 g Shiitake-Pilze
½ Salatgurke
1 Möhre (mittelgroß)
1 EL Sonnenblumenkerne
6 EL Olivenöl
1 EL Balsamico
etwas Thymian
Je 1 Prise Pfeffer und Salz

Nährwerte p. P.

393 kcal
8 g Kohlenhydrate
44 g Fett
5 g Eiweiß

1 Putzen Sie zunächst den Feldsalat. Dann waschen und trocknen Sie ihn. Schälen Sie die Gurke und schneiden Sie diese in Scheiben. Waschen und schälen Sie die Möhre und schneiden Sie diese in kleine Würfel.

2 Schneiden Sie die Pilze in kleine Würfel und geben Sie diese zusammen mit dem Feldsalat, der Gurke und der Möhre in eine Salatschüssel. Dann vermischen Sie die Zutaten gut miteinander.

3 Rühren Sie im nächsten Schritt die Sonnenblumenkerne, das Olivenöl und den Balsamico unter. Schmecken Sie den Salat im Anschluss mit Salz, Pfeffer und Thymian ab.

Tipp: Rucola gehört zu den Lebensmitteln, die die Produktion von Gallenflüssigkeit anregen. Zudem hilft Rucola dabei, Schwermetalle, die über die Nahrung aufgenommen wurden, zu neutralisieren und diese aus dem Körper zu filtern.

BULGURSALAT

4 Port.

20 Min.

Leicht

Zutaten

200 g grober Bulgur
400 ml Gemüsebrühe
250 g Salatgurke
Je 2 Fleischtomaten und Möhren
1 Bund glatte Petersilie
1 Zweig Minze
Je 1 Prise Pfeffer und Salz
etwas Muskat

Für das Dressing:
1 EL heller Balsamico-Essig
Je 1 Prise Salz und Pfeffer
etwas Zucker
etwas Kreuzkümmel
4 EL Olivenöl

Nährwerte p. P.

340 kcal
41 g Kohlenhydrate
15 g Fett
6 g Eiweiß

1 Rösten Sie den Bulgur in einem Topf für eine Dauer von etwa einer Minute an. Fett benötigen Sie hierzu nicht. Geben Sie im Anschluss die Brühe hinzu und kochen Sie alles zusammen auf. Nutzen Sie hierzu eine schwache Hitzezufuhr und lassen Sie den Bulgur bei verschlossenem Deckel für eine Dauer von 15 Minuten aufquellen.

2 Beim Abkühlen rühren Sie den Bulgur mehrmals durch. Während der Bulgur abkühlt, können Sie die Salatgurke waschen und würfeln. Im Anschluss waschen Sie die Tomaten und halbieren sie, bevor Sie auch diese in kleine Würfel zerkleinern.

3 Putzen Sie die Möhren, schälen Sie diese und raspeln Sie sie klein. Danach waschen Sie die Petersilie und die Minze und schütteln sie trocken. Dann zupfen Sie die Blätter ab und hacken sie in feine Stücke.

4 Für die Zubereitung des Dressings vermischen Sie den Essig mit Salz und Pfeffer und einer Prise Zucker sowie Kreuzkümmel. Als Nächstes schlagen Sie das Öl darunter.

5 Im nächsten Schritt nehmen Sie eine große Schüssel zur Hand und vermischen den Bulgur mit dem Gemüse und den Kräutern. Anschließend geben Sie das Dressing dazu. Vor dem Servieren schmecken Sie den Salat noch mit Salz, Pfeffer und Muskat ab.

Tipp: Dieses Gericht regt durch seine Inhaltsstoffe den Fettstoffwechsel Ihrer Leber an.

BLUMENKOHLSALAT MIT BROKKOLI

4 Port.

45 Min.

Leicht

Zutaten

400 g Blumenkohl
600 g Brokkoli
40 g Pinienkerne
60 g getrocknete Tomaten in Öl
2 TL Senf
½ TL Honig
2 EL Apfelessig
4 EL Rapsöl
1 Prise Salz
1 Prise weißer Pfeffer

Nährwerte p. P.

232 kcal
11 g Kohlenhydrate
16 g Fett
11 g Eiweiß

1 Als Erstes waschen Sie den Blumenkohl und den Brokkoli. Dann wird beides geputzt und in mundgerechte Röschen zerteilt. Im Anschluss kochen Sie den Blumenkohl und den Brokkoli in leicht gesalzenem Wasser für eine Dauer von etwa zehn Minuten. Achten Sie darauf, dass er bissfest bleibt. Dies können Sie durch das hineinstechen mit einer Gabel überprüfen.

2 Nach dem Ende der Garzeit schütten Sie den Blumenkohl und den Brokkoli in ein Sieb und lassen das restliche Wasser abtropfen. Im nächsten Schritt rösten Sie die Pinienkerne in einer Pfanne. Öl brauchen Sie hierzu nicht. Nach dem Rösten geben Sie die Pinienkerne auf einen Teller und lassen sie auskühlen.

3 Trocknen Sie von den getrockneten Tomaten das Öl etwas ab, bevor Sie die Tomaten in Würfel zerkleinern.

4 Die Marinade stellen Sie im Anschluss aus dem Senf, dem Honig sowie dem Essig und dem Rapsöl her. Diese schmecken Sie im Anschluss mit einer Prise Salz und Pfeffer ab.

5 Im letzten Schritt können Sie die Marinade mit den Tomaten und dem Gemüse vermischen und den fertigen Salat servieren.

Tipp: Achten Sie darauf, dass Sie den Blumenkohl und den Brokkoli nicht zu lange kochen, da dabei viele enthaltene Nährstoffe und Vitamine verloren gehen können.

GRÜNER COUSCOUS-SALAT

4 Port. 30 Min. Leicht

Zutaten

200 g Couscous
500 ml Gemüsebrühe (Instant)
Je 1 Bund Basilikum und Rucola
½ Bund Minze
125 g junger Spinat
200 g Feta
4 EL Olivenöl
4 EL Zitronensaft
1 Prise Salz
schwarzer Pfeffer

Nährwerte p. P.

450 kcal
38 g Kohlenhydrate
25 g Fett
16 g Eiweiß

1 Übergießen Sie den Couscous nach der Packungsanleitung Ihres Produkts mit Brühe und lassen Sie ihn für eine Dauer von etwa fünf Minuten ziehen.

2 Im nächsten Schritt waschen Sie das Basilikum und die Minzblätter. Tupfen Sie sie im Anschluss vorsichtig trocken. Dann zupfen Sie die Blätter ab und hacken sie klein.

3 Waschen Sie den Rucola, schütteln Sie ihn trocken. Zerkleinern Sie im Anschluss auch diesen. Schneiden Sie nun den Feta in mundgerechte Stücke.

4 Lockern Sie den Couscous mit einer Gabel auf. Verrühren Sie den Zitronensaft mit Öl und mischen Sie die Kräuter, den Rucola, den Spinat, den Feta und den Couscous mit dem Dressing.

5 Schmecken Sie in einem letzten Schritt mit Salz und Pfeffer ab.

Tipp: Beim Kaufen des Couscous sollten Sie auf ein Vollkornprodukt achten. Dieses hält Sie nicht nur besonders lange satt, sondern sorgt auch dafür, dass Ihr Insulinspiegel weniger schnell ansteigt. Bei den Gemüsesorten können Sie zudem variieren. Hier sind beispielsweise auch Paprika und gehackte Möhren und Frühlingszwiebeln eine schöne Variation.

FARBENFROHER GEFLÜGELSALAT

8 Port. 30 Min. Leicht

Zutaten

500 g Hähnchenbrustfilet (oder alternativ Putenbrustfilet)
1 EL Kokosfett
Je 1 Prise Salz und Pfeffer
4 gekochte Eier (Größe M)
2 Zwiebeln
Je 1 rote und grüne Paprika
2 säuerliche Äpfel
1 Handvoll Petersilie
500 g fettarmer Naturjoghurt

Nährwerte p. P.

177 kcal
9 g Kohlenhydrate
6 g Fett
22 g Eiweiß

1 Waschen Sie das Fleisch und zerkleinern Sie es in mundgerechte Stücke. Dann braten Sie das Fleisch in heißem Kokosfett an. Achten Sie darauf, dass Sie das Fleisch aus der Pfanne nehmen, sobald es goldbraun angebraten ist. Geben Sie es in eine Schüssel und würzen Sie mit Salz und Pfeffer.

2 Kochen Sie nun die Eier hart. Schrecken Sie sie ab und pellen Sie die Eier. Ziehen Sie die Zwiebeln ab und waschen und putzen Sie die Paprika und die Äpfel. Schneiden Sie alles klein und geben Sie es zum Fleisch. Vermischen Sie im Anschluss alles vorsichtig miteinander.

3 Waschen Sie die Petersilie, trocknen Sie diese und hacken Sie sie fein. Geben Sie die Petersilie zusammen mit dem Naturjoghurt unter Ihren Salat.

Tipp: Als Beilage passt zu diesem Salat beispielsweise eine Scheibe Vollkornbrot.

SALAT AUS ROTE-BETE-NUDELN AN GEBACKENEM ZIEGENKÄSE

4 Port.

1 Std.

Leicht

Zutaten

800 g Rote Bete
4 EL Himbeeressig
4 EL Olivenöl
2 bis 3 TL Honig
Je 1 Prise Salz und Pfeffer
4 Zweige Thymian
200 g Ziegenkäserolle (4 Scheiben)
60 g Walnusskerne

Nährwerte p. P.

376 kcal
23 g Kohlenhydrate
27 g Fett
10 g Eiweiß

1 Bevor Sie die Rote Bete schälen, sollten Sie Ihre Hände etwas mit Öl beträufeln, damit der Farbstoff der Roten Bete nicht haften bleibt. (Er lässt sich nur schwer entfernen.)

2 Schälen Sie die Rote Bete. Nehmen Sie einen Spiralschneider und fertigen Sie aus der Roten Bete Gemüsenudeln an. Zwischenzeitlich können Sie die Nudeln durch Abschneiden kürzen, damit die Spiralen nicht zu lang werden.

3 Wenn Sie die Rote Bete verarbeitet haben, vermischen Sie die Spiralen mit dem Essig, dem Öl, einem Teelöffel Honig, etwas Salz und Pfeffer.

4 Heizen Sie den Backofen bei einer Temperatur von 200 °C bei Ober- und Unterhitze vor (alternativ bei 180 °C; oder bei Gas auf Stufe 3).

5 Während Ihr Salat zieht, waschen Sie den Thymian und tupfen ihn trocken. Dann geben Sie den Ziegenkäse auf ein Backpapier und bestreuen ihn mit dem Thymian. Zusätzlich geben Sie etwa ¼ Teelöffel Honig auf den Käse. Geben Sie den Käse für eine Dauer von zehn Minuten in den Ofen und entnehmen Sie ihn, wenn er leicht bräunlich ist.

6 Hacken Sie im Anschluss die Walnüsse grob und mischen Sie diese mit den Nudeln aus der Roten Bete. Schmecken Sie dann nochmals mit Salz und Pfeffer ab und richten Sie den Salat auf dem Teller an. Zum Verzieren können Sie weitere Walnüsse darübergeben.

Tipp: Der Salat kann auch mit Möhren oder Zucchini abgewandelt werden, sodass Sie verschiedene Variationsmöglichkeiten haben. Darüber hinaus können Sie beim Nusstopping nach Ihrem Geschmack abwandeln.

Suppen

MÖHRENSUPPE MIT KÜRBIS

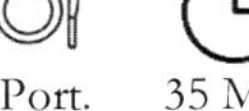

4 Port. 35 Min. Leicht

Zutaten

500 g Butternut-Kürbis
250 g Möhren
1 Zwiebel
etwas Ingwer (nach Belieben)
2 EL Rapsöl
750 ml Gemüsebrühe
1 Prise Salz
weißer Pfeffer
4 EL Kürbiskerne
4 TL Kürbiskernöl
Zitronengras

Nährwerte p. P.

190 kcal
14 g Kohlenhydrate
13 g Fett
4 g Eiweiß

1 Waschen Sie zunächst den Kürbis. Dann halbieren Sie ihn und entfernen die Kerne und Fasern. Schälen Sie ihn und zerkleinern Sie das Fruchtfleisch in mundgerechte Stücke. Waschen Sie die Möhren ebenfalls, schälen Sie sie und zerkleinern Sie diese.

2 Ziehen Sie die Zwiebel ab und hacken Sie diese in feine Stücke. Schälen Sie den Ingwer und hacken Sie diesen ebenfalls. Erhitzen Sie das Öl in einem Topf und schwitzen Sie die Zwiebel sowie das Gemüse darin an. Gießen Sie das Gemüse im Anschluss mit der Brühe auf. Geben Sie das Zitronengras hinzu.

3 Lassen Sie das Gemüse für eine Dauer von etwa 15 Minuten in der Brühe aufkochen. Geben Sie den Ingwer hinzu. Gleichzeitig entnehmen Sie das Zitronengras und beginnen damit, die Masse zu pürieren. Hierzu können Sie entweder eine Küchenmaschine oder einen Pürierstab verwenden.

4 Schmecken Sie die Suppe mit Pfeffer und Salz ab. Hacken Sie dann die Kürbiskerne in grobe Stücke.

5 Verteilen Sie die Suppe auf Tellern und geben Sie das Kürbiskernöl und die Kürbiskerne zum Garnieren darüber.

Tipp: Vor dem Pürieren der Suppe sollten Sie das Zitronengras unbedingt entfernen! Nach Bedarf können Sie die Suppe mit etwas Kokoscreme abschmecken.

HEILBRÜHE FÜR DIE LEBER

4 Port.

4 Std.
25 Min.

Leicht

Zutaten

1 Bund Staudensellerie
6 Möhren
1 Butternut-Kürbis
2 Zwiebeln
1 EL frischer gehackter Ingwer
1 EL Kurkuma
Je 1 Tasse Klettenwurzel und Koriander
6 Knoblauchzehen
3 l Wasser

Nährwerte p. P.

73 kcal
18 g Kohlenhydrate
1 g Fett
3 g Eiweiß

1 Waschen Sie alle Zutaten und schneiden Sie diese in grobe Stücke. Geben Sie die Zutaten in einen Topf mit Wasser und lassen Sie die Zutaten für eine Dauer von einer bis vier Stunden bei schwacher Hitze köcheln.

2 Nach Ende der Kochzeit sieben Sie das gekochte Gemüse ab. Lassen Sie die Brühe etwas auskühlen und beginnen Sie dann, sie zu trinken.

Tipp: Mit diesem Gericht stärken Sie Ihre Leber. Damit sie ihre Wirkung entfalten kann, sollten Sie an einem Entlastungstag die Brühe über den Tag verteilt trinken. Die Brühe eignet sich auch zum Einfrieren und kann daher nach Bedarf verwendet werden. Das gekochte Gemüse müssen Sie nicht entsorgen, vielmehr können Sie dieses zu einem Salat verarbeiten.

SUPPE AUS BROKKOLI UND RUCOLA

2 Port.

30 Min.

Leicht

Zutaten

400 g Brokkoli
300 ml Wasser
125 g Crème fraîche
100 g Rucola
15 g Kokosöl
4 EL Zitronensaft
1 Knoblauchzehe
1 Messerspitze Pfeffer
Je ½ Zucchini, mittelgroß und Zwiebel rot, groß
Je ½ TL Salz
¼ TL Chiliflocken

Nährwerte p. P.

358 kcal
12 g Kohlenhydrate
27 g Fett
12 g Eiweiß

1 Schälen Sie im ersten Schritt die Zwiebel und den Knoblauch. Dann zerkleinern Sie die Zwiebel in grobe Würfel und den Knoblauch in Scheiben. Waschen und putzen Sie die Zucchini. Schneiden Sie die Enden ab und schneiden Sie die Zucchini in dicke Scheiben. Dann waschen Sie den Brokkoli und zerteilen ihn in kleine Röschen.

2 In einer Pfanne erhitzen Sie das Kokosöl. Dünsten Sie darin den Knoblauch und die Zwiebel für eine Dauer von zwei Minuten an. Anschließend geben Sie den Brokkoli und die Zucchini hinzu und braten beides für wenige Minuten mit an. Verwenden Sie hierzu eine mittlere Hitze.

3 Gießen Sie das Gemüse mit Wasser auf und geben Sie etwas Salz, Chili und Pfeffer hinzu. Dann lassen Sie alles mit verschlossenem Deckel für eine Dauer von etwa zehn Minuten köcheln. Nutzen Sie hierzu eine mittlere Hitze.

4 Nach Ablauf der Kochzeit packen Sie das Gemüse in einen Mixer und geben die Crème fraîche und den Rucola hinzu. Mixen Sie die Suppe dann auf mittlerer Stufe und pürieren Sie sie so lange, bis die Suppe die von Ihnen gewünschte Konsistenz erreicht hat.

Tipp: Zum Verfeinern der Suppe können Sie nach dem Servieren etwas Zitronensaft hineingeben. Auf diese Weise erhält die Suppe etwas Säure und Bitterstoffe.

TOMATENSUPPE MIT KOKOSMILCH

2 Port.

35 Min.

Leicht

Zutaten

500 g frische Tomaten
400 ml Kokosmilch
200 ml Gemüsebrühe
1 Frühlingszwiebel
Je 1 TL frischer Ingwer und Kurkuma
2 frische Chilischoten (optional: getrocknete Flocken)
½ TL Paprikapulver (edelsüß)
1 Messerspitze gemahlener Kreuzkümmel
1 EL Sesamöl

Nährwerte p. P.

536 kcal
25 g Kohlenhydrate
47 g Fett
7 g Eiweiß

1 Schneiden Sie die Tomaten nach dem Waschen klein. Schneiden Sie die Frühlingszwiebel in schmale Streifen. Geben Sie das Sesamöl in eine Pfanne und erhitzen Sie dieses. Dann geben Sie die Frühlingszwiebeln hinzu. Nach einer kurzen Bratdauer von wenigen Minuten geben Sie die Tomaten hinzu. Löschen Sie das Gemüse dann mit Gemüsebrühe ab.

2 Reduzieren Sie die Wärmezufuhr und geben Sie die Kokosmilch dazu. Anschließend schneiden Sie den Ingwer, den Kurkuma und die Chili in feine Stücke. Geben Sie diese dann der Suppe hinzu.

3 Nach wenigen Minuten geben Sie dann den Kreuzkümmel und das Paprikapulver zum Würzen hinzu. Lassen Sie die Suppe nun für einige Minuten köcheln. Achten Sie dabei darauf, dass Sie die Suppe so lange köcheln, bis die Tomaten weich sind.

4 Geben Sie die Suppe dann in einen Mixer und pürieren Sie sie zu gewünschter Konsistenz. Alternativ können Sie einen Stabmixer verwenden.

Tipp: Wenn Sie noch etwas mehr Schärfe in der Suppe wollen, können Sie noch etwas Currypulver hinzugeben. Zudem können Sie die Schärfe über die Zugabe von Chili regulieren.

Hauptspeisen mit Fleisch und Geflügel

BUNTE RATATOUILLE-PFANNE MIT HACKFLEISCH

2 Port. 30 Min. Leicht

Zutaten

Je 1 Zwiebel und Knoblauchzehe
Je 1 Karotte, Paprika und kleine Zucchini
4 bis 5 Champignons
2 TL Kokosfett
250 g Rinderhackfleisch
1 EL Tomatenmark
Kreuzkümmel, Oregano
etwas Paprikapulver edelsüß und Chili
Je 1 Prise Salz und Pfeffer
200 ml passierte Tomaten

Nährwerte p. P.

400 kcal
14 g Kohlenhydrate
24 g Fett
32 g Eiweiß

1 Schälen Sie zunächst den Knoblauch und die Zwiebel. Dann hacken Sie diese fein. Das restliche Gemüse putzen Sie ebenfalls und zerteilen es in kleine Stücke.

2 Erhitzen Sie das Fett in der Pfanne. Wenn die gewünschte Temperatur erreicht ist, braten Sie das Hackfleisch darin an. Nach Ablauf der Garzeit fügen Sie das Tomatenmark, die Zwiebel und den Knoblauch hinzu. Diese braten Sie beides unter ständigem Wenden mit. Anschließend würzen Sie das Hackfleisch. Zum Schluss geben Sie die Champignons hinzu.

3 Vermischen Sie alles gut miteinander und gießen Sie die Masse mit den passierten Tomaten auf. Dann lassen Sie alles aufkochen und würzen das Ganze erneut. Im Anschluss lassen Sie die Masse für eine Dauer von fünf Minuten köcheln. Wählen Sie hierzu eine geringe Hitzezufuhr. Nun können Sie servieren.

Tipp: Zum Verfeinern können Sie nach dem Anrichten etwas Parmesan oder Schafskäse über das Ratatouille geben.

HÄHNCHENPFANNE MIT BUCHWEIZEN

2 Port.

30 Min.

Leicht

Zutaten

200 g Hähnchenbrustfilet
100 g Buchweizen
Je 1 rote Paprikaschote und Zucchini (etwa 100 g)
1 Frühlingszwiebel
etwas Olivenöl
Je 1 Prise Paprikapulver und Pfeffer
Kräuter der Provence
1 Messerspitze Gemüsebrühe
30 ml Gemüsebrühe
250 ml Wasser

Nährwerte p. P.

277 kcal
50 g Kohlenhydrate
8 g Fett
8 g Eiweiß

1 Waschen Sie den Buchweizen zunächst unter fließendem Wasser. Dann kochen Sie in einem Topf den Buchweizen mit 250 ml Wasser auf. Diesen lassen Sie für eine Dauer von 25 Minuten auf geringer Hitze köcheln.

2 Im nächsten Schritt geben Sie etwas Pfeffer und eine Messerspitze Gemüsebrühe hinzu. Verrühren Sie dann alles miteinander. Hierbei sollten Sie darauf achten, dass Sie diesen Vorgang so lange durchführen, bis das Wasser durch den Buchweizen aufgenommen wurde und verkocht ist.

3 Anschließend schneiden Sie das Hähnchenbrustfilet in mundgerechte Stücke. In einer separaten Schüssel verrühren Sie zwei Esslöffel Olivenöl mit einer Prise Paprikapulver. Diese Mischung lassen Sie im Anschluss für eine Dauer von wenigen Minuten ziehen und geben Sie dann zum Hähnchenfleisch.

4 Im Anschluss zerkleinern Sie die Frühlingszwiebel und dünsten diese mit zwei Esslöffel Olivenöl an

5 Als Nächstes waschen und putzen Sie die Paprika und die Zucchini. Dann schneiden Sie das Gemüse in mundgerechte Stücke. Diese fügen Sie dann zu den Frühlingszwiebeln hinzu, bevor Sie im Anschluss die Hähnchenbrust daruntergeben. Diese Zutaten dünsten Sie dann auf einer mittleren Hitze.

6 Nun löschen Sie die Masse mit 30 ml Gemüsebrühe ab und lassen alles bei geschlossenem Deckel für eine Dauer von 10 bis 15 Minuten köcheln. Achten Sie hierbei darauf, dass das Hähnchenbrustfilet durchgart.

7 Abschließend geben Sie den Buchweizen in die Pfanne und geben die Kräuter hinzu. Schmecken Sie im letzten Schritt mit den Gewürzen nach Belieben ab.

Tipp: Die Gemüsesorten können bei diesem Gericht leicht variiert werden. Zudem können Sie das Gericht nach Bedarf einfrieren.

GEMÜSE-HACKBÄLLCHEN MIT REIS UND TOMATENSAUCE

2 Port.

1 Std. 5 Min.

Leicht

Zutaten

Für die Hackbällchen:
20 g Paprika
15 g Zwiebeln
20 g Mais
50 g Magerquark
150 g Rinderhack
5 g Haferflocken
10 g Sonnenblumenkerne
Je 1 Prise Paprikapulver, Oregano, Salz und Pfeffer

Für die Sauce und den Reis:
70 g Naturreis
210 ml Wasser
50 g Zwiebeln
1 EL Öl
400 g (aus der Dose) Tomaten
Je 1 Prise Salz, Pfeffer und Zucker
etwas Oregano

Nährwerte p. P.

432 kcal
38 g Kohlenhydrate
18 g Fett
26 g Eiweiß

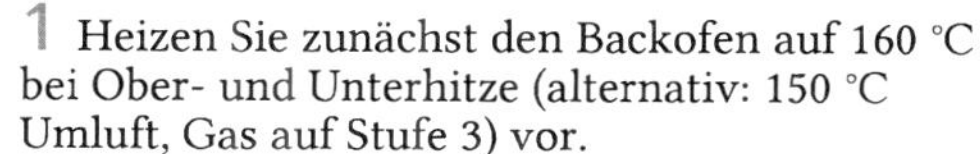

1 Heizen Sie zunächst den Backofen auf 160 °C bei Ober- und Unterhitze (alternativ: 150 °C Umluft, Gas auf Stufe 3) vor.

2 Waschen, putzen und entkernen Sie die Paprika. Schälen Sie die Zwiebeln und schneiden Sie beides in kleine Würfel. Diese geben Sie im Anschluss mit allen anderen Zutaten für die Gemüsebällchen in eine Schüssel. Mit einem Mixer (oder alternativ per Hand) verarbeiten Sie diese Masse zu einem Teig. Aus dem entstandenen Teig formen Sie die Gemüsekugeln und platzieren diese auf einem Blech, das Sie mit Backpapier auslegen.

3 Nachdem Sie alle Kugeln geformt haben, geben Sie das Blech für eine Dauer von etwa 20 Minuten in den Ofen und backen die Bällchen aus.

4 Für die Zubereitung des Reises geben Sie diesen mit etwas Salz in einen Topf und bringen ihn zum Kochen. Nachdem das Wasser kocht, reduzieren Sie die Hitzezufuhr und lassen den Reis weiter köcheln. Diesen Vorgang setzen Sie so lange fort, bis der Reis das Wasser vollständig aufgenommen hat.

5 Für die Zubereitung der Sauce schälen Sie die Zwiebeln und schneiden Sie in feine Würfel. Diese geben Sie im Anschluss mit Öl in eine Pfanne und dünsten sie an.

6 Im nächsten Schritt geben Sie die Tomaten hinzu und lassen die Masse kurz aufkochen. Nach Bedarf können Sie die Sauce im Anschluss pürieren. Die Sauce können Sie dann mit Salz, Zucker, Pfeffer und Oregano abschmecken.

Tipp: Tomaten sind für die Leber zuträglich, da sie das Tripeptid Glutathion enthält. Dieses besitzt eine entschlackende Wirkung. Außerdem enthalten Tomaten einen hohen Anteil an Wasser, was die Entgiftung der Leber zusätzlich unterstützt.

PFANNKUCHEN-WRAPS MIT HÄHNCHEN, SESAM UND SALAT

4 Port.

1,5 Std.

Leicht

Zutaten

200 g Vollkornmehl
200 ml Milch (1,5 % Fett)
200 ml Mineralwasser
1 Prise Salz
3 Eier (Größe M)
300 g Hähnchenbrustfilet (2 Hähnchenbrustfilets)
4 TL Keimöl
1 Prise Pfeffer
200 g Erbsen (tiefgekühlt)
½ Kopfsalat (oder eine andere Salatsorte)
4 Stiele Basilikum
250 g Magerquark
1 Prise Paprikapulver (rosenscharf)
1 EL Sesam

Nährwerte p. P.

464 kcal
42 g Kohlenhydrate
12 g Fett
44 g Eiweiß

1 Vermischen Sie zunächst die Milch mit dem Mehl, dem Mineralwasser und etwas Salz sowie einem Ei. Diese Zutaten vermischen Sie zu einer homogenen Teigmasse. Im Anschluss muss der Teig für eine Dauer von 30 Minuten quellen.

2 Während der Teig ruht, können Sie die Hähnchenbrustfilets abspülen, sie trocken tupfen und in längliche Streifen schneiden.

3 Dann geben Sie einen Teelöffel Öl in eine Pfanne und erhitzen diesen. Sobald die Pfanne erhitzt ist, geben Sie die Hähnchenbruststreifen hinein und braten diese für etwa drei Minuten an. Wählen Sie hierzu eine mittlere Hitze.

4 Nach dem Anbraten würzen Sie das Fleisch mit Salz und Pfeffer und nehmen es vom Herd.

5 In einem Topf bringen Sie dann Wasser mit etwas Salz zum Kochen. Geben Sie die Erbsen hinein und garen Sie diese bei geringer Hitze für eine Dauer von zwei bis drei Minuten. Nach Ablauf der Garzeit gießen Sie die Erbsen durch ein Sieb ab und schrecken Sie in kaltem Wasser ab. Lassen Sie sie kurz abtropfen.

6 Füllen Sie den Topf im Anschluss wieder mit Wasser und bringen Sie den Inhalt zum Kochen. Nachdem das Wasser kocht, geben Sie die restlichen Eier hinein und kochen Sie für eine Dauer von acht Minuten.

7 Im nächsten Schritt zerteilen Sie den Salat in seine Blätter, waschen und putzen ihn.

8 Schrecken Sie die Eier unter kaltem Wasser ab und pellen Sie diese im Anschluss. Die Eier schneiden Sie dann in Würfel. Hierzu können Sie entweder ein Messer oder einen Eierschneider nutzen.

9 Waschen Sie das Basilikum und zupfen Sie die Blätter ab. Einige Blätter legen Sie zur Seite. Die übrigen Basilikumblätter schneiden Sie in Streifen und geben sie unter den Magerquark. Diesen würzen Sie im Anschluss mit etwas Salz, Pfeffer und Paprikapulver.

10 Rühren Sie den Pfannkuchenteig erneut durch. Geben Sie etwas Öl in eine Pfanne und erhitzen Sie diese. Wenn die Pfanne die gewünschte Temperatur erreicht hat, geben Sie etwas Teig hinein. Nutzen Sie hierzu beispielsweise eine Kelle. Heben Sie die Pfanne und versuchen Sie, den Teig in der Pfanne durch Schwenken gleichmäßig zu verteilen.

11 Geben Sie dann etwas Sesam über den Teig in der Pfanne und backen Sie den Pfannkuchen von jeder Seite für eine Dauer von zwei Minuten aus. Im Anschluss entnehmen Sie den Pfannkuchen und legen ihn zur Seite. Diesen Vorgang wiederholen Sie, bis der Teig aufgebraucht ist.

12 Für die Zubereitung der Wraps legen Sie den Pfannkuchen mit der Sesamseite nach unten auf einen Teller. Dann bestreichen Sie ihn mit dem Basilikumquark und geben die Erbsen sowie das zerkleinerte Ei in die Mitte. Verteilen Sie die Zutaten so darauf, dass jeweils ringsum ein Rand von 1 cm bleibt.

13 Zupfen Sie den Salat in Stücke und geben Sie diesen zusammen mit dem Hähnchen ebenfalls in die Mitte des Pfannkuchens.

14 Schlagen Sie den Pfannkuchen links und rechts ein. Hierbei entstehen gerade Kanten, sodass Sie ihn im Anschluss leicht aufrollen können. Zum Servieren zerteilen Sie den Pfannkuchen mittig und richten ihn zusammen mit etwas Basilikum an.

Tipp: Die Pfannkuchen können auch im Voraus gebacken werden. Sie können sie in diesem Fall in Folie wickeln und im Kühlschrank aufbewahren. Hier halten sie sich etwa für eine Dauer von ein bis zwei Tagen. Zudem können sie leicht ein-gefroren werden. Für die Füllung können Sie, sofern es schneller gehen muss, auch Dosenmais verwenden.

CHICORÉE UMMANTELT MIT SCHINKEN, ÜBERBACKEN

 2 Port.
 1 Std.
 Mittel

Zutaten

2 große Chicorée (zu jeweils 200 g)
¼ l Milch (1,5 % Fett)
1 TL gekörnte Gemüsebrühe
1 ½ EL Haferkleie
100 ml Wasser
2 TL Rapsöl
¼ TL Paprikapulver, edelsüß
1 dünne Stange Lauch (etwa 150 g)
Je 1 Prise Salz und Pfeffer
1 EL Schnittlauch
1 EL gehackte Petersilie
2 gehäufte TL körniger Frischkäse
Kräuter nach Wahl
75 g roher Schinken
4 EL geriebener Parmesan

Nährwerte p. P.

300 kcal
18 g Kohlenhydrate
15 g Fett
20 g Eiweiß

1 Zunächst waschen Sie den Chicorée und schneiden die Strünke heraus. Dann geben Sie ihn für eine Dauer von zwei Minuten in kochendes Wasser, um ihn zu blanchieren.

2 Nehmen Sie ihn nach Ablauf der Zeit wieder heraus und schrecken Sie ihn kalt ab. Dann lassen Sie ihn abtropfen.

3 Heizen Sie den Backofen auf eine Temperatur von 200 °C Ober- und Unterhitze vor (alternativ 180 °C Umluft, Gas: Stufe 3). Anschließend vermischen Sie die Milch mit der Haferkleie, sodass diese Mischung quellen kann.

4 Waschen Sie den Lauch, putzen Sie ihn und zerteilen Sie ihn längs. Anschließend schneiden Sie ihn in feine Ringe.

5 Geben Sie einen Teelöffel Öl in eine Pfanne und dünsten Sie den Lauch an. Nach dem Dünsten geben Sie die Milchmischung hinzu und kochen alles unter ständigem Rühren auf.

6 Im nächsten Schritt wird das Wasser hinzugegeben. Würzen können Sie dann mit etwas Gemüsebrühe, Gewürzen sowie Kräutern nach Wahl. Lassen Sie die Masse im Anschluss für eine Dauer von zwei Minuten köcheln.

7 Ergänzen Sie nun den körnigen Frischkäse, rühren Sie ihn gleichmäßig ein und nehmen Sie die Sauce vom Herd.

8 Fetten Sie eine Auflaufform, halbieren Sie den Chicorée und umwickeln Sie ihn mit dem Schinken. Dann legen Sie ihn in die Auflaufform und geben die Sauce darüber.

9 Stellen Sie den Auflauf für eine Dauer von zehn Minuten in den Backofen. Nehmen Sie ihn heraus, bestreuen Sie ihn mit Parmesan und lassen Sie ihn erneut für eine Dauer von fünf bis zehn Minuten (je nach gewünschtem Bräunungsgrad) backen. Dann können Sie servieren.

Tipp: Chicorée enthält ein hohes Maß an Bitterstoffen. Insbesondere der Bitterstoff Intybin fördert die Funktionsfähigkeit Ihrer Leber und damit auch die Verdauung sowie die Entgiftung Ihres Körpers. Achten Sie jedoch darauf, dass Sie braune Blätter entfernen. Diese zeigen einen Verderb an. Grundsätzlich gilt: Je grüner die Blätter, desto mehr Bitterstoffe sind enthalten. Beim Transport sollten Sie bedenken, dass Chicorée druckempfindlich ist.

Hauptspeisenmit Fisch & Meeresfrüchten

GEBRATENER LACHS AN SAHNIGEM GURKENGEMÜSE

2 Port.

30 Min.

Leicht

Zutaten

400 ml Gemüsebrühe, zuckerfrei
100 g körniger Frischkäse
8 EL Olivenöl, kaltgepresst
4 Messerspitzen Pfeffer
2 Lachsfilets
1,5 Salatgurken, mittelgroß
1 TL Salz
1 Zwiebel rot, klein
½ TL Dill, getrocknet
½ EL Zitronensaft

Nährwerte p. P.

772 kcal
10 g Kohlenhydrate
65 g Fett
36 g Eiweiß

1 Zunächst schälen Sie die Gurke und entfernen das Kerngehäuse mit einem Teelöffel. Dann wird die Gurke in Scheiben mit einer Dicke von 3 bis 4 mm geschnitten.

2 Schälen Sie die Zwiebel und hacken Sie diese fein. Geben Sie etwas Olivenöl in eine Pfanne und erhitzen Sie dieses. Fügen Sie die Zwiebel und Gurken hinzu und braten Sie diese für eine Dauer von wenigen Minuten an. Gießen Sie die Gurken und die Zwiebel mit der Gemüsebrühe auf und fügen Sie den Frischkäse hinzu. Im Anschluss werden alle Zutaten gut miteinander vermischt.

3 Das Gurkengemüse sollte dann für eine Dauer von zehn Minuten köcheln.

4 Während das Gemüse zubereitet wird, erhitzen Sie erneut etwas Öl in einer weiteren Pfanne. Bis das Öl erhitzt ist, würzen Sie den Lachs mit Salz und Pfeffer. Achten Sie darauf, dass Sie beide Seiten würzen. Geben Sie den Lachs zum Braten in die Pfanne und braten Sie ihn von beiden Seiten gleichmäßig an. Für das Garen des Lachses ist es wichtig, dass dieser innen noch etwas glasig bleibt.

5 Bevor Sie das Gemüse servieren, schmecken Sie es mit den Gewürzen Pfeffer, Salz, Dill sowie mit Zitronensaft ab. Dazu reichen Sie den Lachs.

Tipp: Nutzen Sie kaltgepresstes Olivenöl, da dieses eine bessere Qualität aufweist. Der Lachs weist eine Vielzahl an wertvollen Fetten auf und senkt den Entzündungswert.

BLUMENKOHLPÜREE MIT HEILBUTT

4 Port. 45 Min. Leicht

Zutaten

1 kleiner Blumenkohl (etwa 700 g)
100 g Knollensellerie
150 g TK-Erbsen
Je 1 Zwiebel und Knoblauchzehe
Je 1 Bund Petersilie, Dill und Schnittlauch
4 EL Crème fraîche
4 Lachsfilets (jeweils 100 g)
3 EL Pinienkerne
Je 1 Prise Salz und Pfeffer
etwas frisch geriebene Muskatnuss
etwas Öl
150 ml Wasser

Nährwerte p. P.

289 kcal
10 g Kohlenhydrate
19 g Fett
61 g Eiweiß

1 Als Erstes werden die Zwiebel und der Knoblauch geschält und zerkleinert. In einem Topf erhitzen Sie parallel etwas Öl. Während sich das Öl erwärmt, schälen Sie den Sellerie und schneiden diesen in kleine Würfel. Diese geben Sie zusammen mit der Zwiebel und dem Knoblauch in den Topf und dünsten alles.

2 Zerteilen Sie den Blumenkohl und waschen Sie ihn. Im Anschluss wird er zusammen mit 150 ml Wasser in einen Topf gegeben. Verschließen Sie den Topf und lassen Sie den Blumenkohl bei geringer Hitze köcheln.

3 Während der Blumenkohl zubereitet wird, geben Sie die Pinienkerne in eine Pfanne, die Sie zuvor erhitzt haben. Dann rösten Sie die Kerne ohne die Zugabe von Fett. Nach der Röstung nehmen Sie die Pinienkerne aus der Pfanne und stellen sie zur Seite.

4 Kurz vor Ablauf der Kochzeit des Blumenkohls geben Sie die Tiefkühlerbsen hinzu und lassen beides für eine Dauer von fünf Minuten weiterköcheln.

5 Waschen Sie nun das Heilbuttfilet, trocknen und salzen Sie es. Danach wird es in einer Pfanne mit etwas Öl von beiden Seiten gleichmäßig angebraten.

6 Im nächsten Schritt wird das Gemüse abgegossen. Achten Sie darauf, dass Sie das Wasser auffangen.

7 Anschließend zerkleinern Sie die Kräuter. Dann geben Sie das Gemüse, die Kräuter und die Crème fraîche in einen Topf. Würzen Sie mit Salz, Pfeffer und Muskatnuss. Dann pürieren Sie das Gemüse mit einem Stabmixer. Alternativ können Sie auf eine Küchenmaschine zurückgreifen. Die aufgefangene Flüssigkeit geben Sie Schritt für Schritt hinzu, um das Püree cremiger zu machen.

8 Nun können Sie anrichten. Zum Verzieren nutzen Sie die Pinienkerne. Diese können Sie über das Püree geben.

Tipp: Statt Heilbutt eignet sich auch Kabeljau gut. Aufgrund der enthaltenen wertvollen Fette sind sie der Funktion der Leber zuträglich. Achten Sie bei der Zugabe des Wassers zum Püree darauf, dass Sie nicht zu viel Wasser hinzufügen, damit das Püree nicht zu wässrig wird. Bedenken Sie dabei auch, dass Blumenkohl von Haus aus sehr wasserhaltig ist.

AUFLAUF MIT KARTOFFELN UND ROSENKOHL

4 Port.

2 Std. 45 Min.

Leicht

Zutaten

150 g Margarine
Je 150 g Vollkornmehl und Roggenmehl (oder eine Alternative)
Je 1 Prise Salz und Pfeffer
1 Ei (Größe M)
500 g vorwiegend festkochende Kartoffeln
500 g Rosenkohl
250 g Champignons
1 EL Butter
250 g Schmand
3 bis 4 EL Senf
2 Eier (Größe M)
1 EL gehackte Petersilie
etwas Muskat
100 g geriebener Emmentaler

Nährwerte p. P.

985 kcal
80 g Kohlenhydrate
60 g Fett
31 g Eiweiß

1 Vermischen Sie die Mehle mit dem Salz, einem Ei und der Margarine zu einem Teig. Kneten Sie diesen gut durch und wickeln Sie ihn im Anschluss in Folie. Dann packen Sie ihn für eine Dauer von einer Stunde in den Kühlschrank.

2 Garen Sie im nächsten Schritt die Kartoffeln mit ihrer Schale für eine Dauer von etwa 25 Minuten. Nach dem Kochen schrecken Sie die Kartoffeln ab und pellen sie. Dann lassen Sie diese auskühlen und schneiden sie in Scheiben mit gleicher Dicke.

3 Putzen Sie den Rosenkohl. Achten Sie hierbei darauf, dass Sie größere Röschen zerteilen, damit alle Röschen etwa die gleiche Größe aufweisen und somit den gleichen Garpunkt haben. Dann geben Sie den Rosenkohl in leicht gesalzenes Wasser, wo er für eine Dauer von etwa fünf Minuten köcheln darf.

4 Putzen Sie die Pilze und schneiden Sie auch diese in Scheiben. Im Anschluss geben Sie etwas Butter in eine Pfanne und braten die Pilze kurz an. Vermischen Sie den Schmand mit dem Senf, den Eiern und der Petersilie zu einer homogenen Masse. Würzen Sie diese im Anschluss mit Salz, Pfeffer und Muskat.

5 Nun heizen Sie den Ofen auf 200 °C Ober- und Unterhitze (oder alternativ 180 °C Umluft, Gas auf Stufe 3) vor.

6 Nehmen Sie den Teig aus dem Kühlschrank und rollen Sie ihn auf eine Dicke von 0,5 cm aus. Fetten Sie eine Auflaufform ein und legen Sie den Teig hinein. Diesen belegen Sie im Anschluss mit den Kartoffeln, dem Rosenkohl und den Pilzen. Die mit Gewürzen und Schmand angereicherte Eiercreme geben Sie dann über das Gemüse und bedecken es mit geriebenem Emmentaler.

7 Abschließend backen Sie den Auflauf für eine Dauer von 40 Minuten im Ofen aus, bevor Sie servieren können.

Tipp: Rosenkohl zählt zu den Superfoods der westlichen Welt. Das liegt nicht zuletzt an den Bitterstoffen, die er enthält. Diese regen nicht nur die Verdauung an, sondern beruhigen auch die Magenschleimhaut. Vielmehr tragen sie auch dazu bei, dass die Leberfunktion unterstützt wird. Darüber hinaus enthält Rosenkohl ein hohes Maß an Folsäure, was für unsere Blutbildung wichtig ist.

KABELJAU AUF SPINAT

 1 Port.  20 Min.  Leicht

Zutaten

150 g Spinat
1 Knoblauchzehe
2 Frühlingszwiebeln
2 TL Olivenöl
Je 1 Prise Salz und Pfeffer
Zitronensaft
150 g Kabeljau
2 EL gehacktes Basilikum
ein paar Cocktailtomaten zum Verzieren

Nährwerte p. P.

308 kcal
8 g Kohlenhydrate
15 g Fett
33 g Eiweiß

1 Geben Sie den Spinat zusammen mit etwas Salz in einen Topf und decken Sie ihn mit dem Deckel ab, damit dieser zusammenfallen kann. Hierfür sollten Sie etwa zwei Minuten einplanen.

2 Hacken Sie den Knoblauch und schneiden Sie ihn klein. Dann braten Sie ihn an. Putzen Sie die Frühlingszwiebeln, zerkleinern Sie diese und braten Sie sie in etwas Öl in einer Pfanne an.

3 Nach dem Anbraten geben Sie den Spinat hinzu und erhitzen diesen kurz. Abschließend wird er mit Salz, Pfeffer und Zitronensaft gewürzt.

4 Im nächsten Schritt braten Sie den Kabeljau mit etwas Olivenöl in einer Pfanne von beiden Seiten gleichmäßig an. Salzen und pfeffern Sie ihn im Anschluss. Dann beträufeln Sie ihn mit Zitronensaft.

5 Hacken Sie das Basilikum und halbieren Sie nach dem Waschen die Tomaten. Anschließend richten Sie den Kabeljau auf dem Spinat an.

Tipp: Da Spinat zu den Blattgemüsen gehört, unterstützt es wie alle Blattgemüsesorten die Leber beim Entgiften. Darüber hinaus regt er die Produktion von Gallenflüssigkeit an, wodurch Schwermetalle besser aus dem Körper ausgeleitet werden können. Die Leber wird durch den Verzehr von Spinat in ihrer Funktion daher gestärkt.

STEINBUTT IN ITALIENISCHER ZUBEREITUNG MIT GEMÜSE UND KARTOFFELN

2 Port.

50 Min.

Leicht

Zutaten

200 g Steinbutt
350 g Kartoffeln
1 Zucchini (etwa 220 g)
1 Paprika rot (etwa 155 g)
25 g Pinienkerne
4 frische Zweige Rosmarin
etwas Thymian
4 EL Rapsöl (raffiniert)
4 Knoblauchzehen
1 Zitrone
Je 1 Prise Salz und Pfeffer

Nährwerte p. P.

594 kcal
39 g Kohlenhydrate
35 g Fett
30 g Eiweiß

1 Waschen Sie die Kartoffeln und schälen Sie diese im Anschluss. Kochen Sie diese dann in leicht gesalzenem Wasser für eine Dauer von etwa 20 Minuten (je nach Größe).

2 Nach Ablauf der Kochzeit schütten Sie die Kartoffeln ab und schrecken sie mit kaltem Wasser ab. Danach schneiden Sie diese in Scheiben, die eine gleichmäßige Dicke aufweisen.

3 Im nächsten Schritt waschen Sie den Thymian und den Rosmarin. Zupfen Sie die Stiele des Rosmarin ab. Halbieren Sie die Zitrone und zerkleinern Sie das Fruchtfleisch der halben Zitrone in kleine Stücke. Lösen Sie die Schale hierzu ab.

4 Die Zitronenstücke rösten Sie im Anschluss zusammen mit den Pinienkernen an. Öl benötigen Sie hierzu nicht.

5 Im Anschluss schälen Sie den Knoblauch und schneiden ihn dann in schmale Scheiben. Waschen Sie nun die Zucchini und die Paprika und zerkleinern Sie auch diese nach dem Putzen in mundgerechte Stücke.

6 Geben Sie etwas Öl in eine Pfanne und erhitzen Sie dieses. Hat das Öl die gewünschte Temperatur erreicht, geben Sie die Paprika und die Zucchini hinein. Auch die Kartoffeln braten Sie mit an.

7 Vor Ende der Bratzeit geben Sie die Kräuter, den Knoblauch sowie die Gewürze hinzu und stellen die Masse warm. Hierzu können Sie beispielsweise eine niedrige Temperatur des Ofens wählen.

8 Würzen Sie nun den Steinbutt von beiden Seiten mit Salz und Pfeffer. Erhitzen Sie erneut Öl in einer Pfanne und geben Sie den Fisch hinein. Diesen braten Sie im Anschluss bei mittlerer Hitze für eine Dauer von fünf bis sechs Minuten so an, dass er von beiden Seiten gleichmäßig gegart ist.

9 Richten Sie den Fisch mit der Kartoffel-Gemüse-Mischung an und nutzen Sie die Pinienkerne zum Verzieren. Schneiden Sie die übrige Zitrone in Spalten und reichen Sie diese zum Fisch.

Tipp: Der Verzehr von Zucchini unterstützt Ihre Leber dabei, sich zu reinigen. Der Steinbutt zählt zu den fettarmen Fischsorten und ist daher für die Lebergesundheit ebenfalls hilfreich.

Vegetarische Hauptspeisen

MEDITERRANES GRATIN AUS GEMÜSE

2 Port. 1 Std. Leicht

Zutaten

1 mittelgroße Zucchini (etwa 260 g)
1 mittelgroße Paprika (etwa 170 g)
1 mittelgroße Aubergine (etwa 360 g)
5 getrocknete getrocknete Tomaten (ohne Öl, etwa 20 g)
1 EL Olivenöl
1 TL Thymian
2 TL Rosmarin
1 TL edelsüßes Paprikapulver
½ TL rosenscharfes Paprikapulver
1 Prise Salz
1 Prise Pfeffer
120 g Ziegenfrischkäserolle (45 % F i. Tr.)
1 TL Honig

Nährwerte p. P.

300 kcal
15 g Kohlenhydrate
15 g Fett
19 g Eiweiß

1 Heizen Sie den Backofen auf 220 °C Ober- und Unterhitze (oder alternativ 200 °C Umluft, Gas auf Stufe 3) vor.

2 Waschen und putzen Sie die Zucchini, Aubergine und Paprika und zerteilen Sie diese in mundgerechte Stücke. Dann geben Sie das zerkleinerte Gemüse in eine Auflaufform.

3 Würfeln Sie die getrockneten Tomaten und geben Sie diese zum Gemüse. Vermischen Sie das Öl und die Gewürze zu einer Marinade und geben Sie diese nach dem Verrühren über das Gemüse. Dann vermischen Sie das Gemüse und die Marinade erneut.

4 Im Anschluss geben Sie die Auflaufform für eine Dauer von 25 Minuten in den Backofen.

5 Während das Gemüse im Ofen gart, zerteilen Sie die Ziegenfrischkäserolle in gleichmäßige Scheiben und beträufeln diese etwas mit Honig. Auch diese geben Sie für eine Dauer von zehn Minuten in den Ofen. Passen Sie hierzu die Zeit so ab, dass beides gleichzeitig fertig ist.

Tipp: Wer es deftiger bevorzugt, und kein vegetarisches Hauptgericht verzehren möchte, kann den Ziegenfrischkäse mit etwa 80 g rohem Schinken umwickeln.

BÄLLCHEN AUS SPINAT UND RICOTTA AN TOMATENSAUCE

 2 Port.  40 Min.  Mittel

Zutaten

Für die Bällchen:
200 g TK-Blattspinat
1 Knoblauchzehe
125 g Ricotta (45 % F i. Tr.)
1 Ei (Größe M)
1 Eigelb
1 gehäufter EL Mehl (15 g)
50 g geriebener Parmesan
Je 1 Prise frisch geriebene Muskatnuss, Salz, Pfeffer und Cavennepfeffer

Für die Tomatensauce:
300 ml passierte Tomaten
1 gehäufter TL Frischkäse mit Kräutern
4 Blätter Basilikum
Je 1 TL getrockneter Rosmarin und Oregano
Je 1 Prise Pfeffer und Zucker
etwas Wasser
2 EL geriebener Parmesan

Nährwerte p. P.

400 kcal
16 g Kohlenhydrate
25 g Fett
26 g Eiweiß

1 Zunächst lassen Sie den Spinat bei geringer Hitze in einem Topf auf dem Herd auftauen. Nach dem Auftauen geben Sie den Spinat in ein Sieb und lassen das restliche Wasser abtropfen. Drücken Sie ihn zusätzlich mit den Händen aus. Dann hacken Sie den Spinat fein.

2 Schälen und würfeln Sie den Knoblauch. Dann geben Sie den Spinat, das Ei, das Eigelb, den Ricotta, den Knoblauch sowie das Mehl und den Parmesan in eine Schüssel und vermischen alle Zutaten gut miteinander. Würzen Sie die Masse im Anschluss mit Muskat, Salz und Pfeffer.

3 Aus dieser Mischung formen Sie im Anschluss kleine Bällchen, die Sie dann für eine Dauer von 15 Minuten kaltstellen.

4 Während die Bällchen gekühlt werden, geben Sie die passierten Tomaten in einen Topf oder eine Pfanne und bringen den Inhalt zum Kochen.

5 Waschen und zerkleinern Sie das Basilikum und vermischen es mit dem Frischkäse und den Kräutern. Im Anschluss schmecken Sie erneut mit Salz, Pfeffer, Cayennepfeffer und Muskat ab. Nach Bedarf ergänzen Sie eine Prise Zucker.

6 Erhitzen Sie das Wasser in einem Topf und bringen Sie es zum Kochen. Geben Sie etwas Salz hinein. Sobald das Wasser kocht, reduzieren Sie die Wärmezufuhr. Dann geben Sie die Bällchen mit einem Löffel ins Wasser.

7 Achten Sie darauf, dass das Wasser nicht mehr kocht. Wenn Sie feststellen, dass die Bällchen an der Oberfläche auftauchen, können Sie diese entnehmen.

8 Um das überschüssige Wasser loszuwerden, können Sie die Bällchen nach dem Entnehmen in ein Sieb geben.

9 Dann richten Sie diese zusammen mit der Tomatensauce an und verzieren mit Parmesan.

Tipp: Das übrige Eiklar können Sie aufbewahren und innerhalb von zwei Tagen weiterverwerten. Sie müssen es daher nicht entsorgen. Geben Sie es zum Beispiel unter ein Rührei oder Ähnliches.

LECKERES OFENGEMÜSE VOM BLECH

1 Port.

30 Min.

Leicht

Zutaten

200 g Kartoffeln
2 Zwiebeln
1 rote Paprika
1 Knoblauchzehe

Für die Marinade:
etwas Öl
Je 1 Prise Salz und Pfeffer
etwas Thymian, Basilikum und Oregano
1 Prise Paprikapulver (edelsüß)

Nährwerte p. P.

387 kcal
61 g Kohlenhydrate
14 g Fett
6 g Eiweiß

1 Waschen Sie die Kartoffeln und schneiden Sie diese in Viertel oder Würfel. Achten Sie darauf, dass die Würfel gleich groß sind, damit sie den gleichen Garpunkt aufweisen.

2 Waschen Sie die Paprika. Halbieren Sie diese in der Länge und schneiden Sie sie in gleich große Scheiben. Geben Sie das Gemüse dann in eine Schüssel. Schälen Sie die Zwiebeln, teilen Sie sie in zwei Hälften und schneiden Sie Ringe daraus.

3 Geben Sie nun etwas Öl in eine Schale und vermischen Sie dieses mit den Kräutern und Gewürzen. Dann hacken Sie den Knoblauch und geben diesen ebenfalls in das Öl. Nach Belieben können Sie diesen auch pressen. Verrühren Sie im Anschluss alle Zutaten gut miteinander.

4 Heizen Sie den Backofen auf 200 °C Ober- und Unterhitze (oder alternativ 180 °C Umluft, Gas auf Stufe 3) vor.

5 Geben Sie Backpapier auf ein Blech und verteilen Sie die Kartoffeln und das Gemüse sowie die Zwiebeln darauf. Dann geben Sie die Marinade darüber und vermischen alles miteinander.

6 Für eine Dauer von 30 Minuten backen Sie nun das Gemüse und die Kartoffeln aus. Im Anschluss können Sie servieren.

Tipp: Das Gemüse können Sie je nach Geschmack und Jahreszeit austauschen. So können Sie das Gericht variieren. Zudem haben Sie die Möglichkeit, Hähnchenstreifen mit dem Gemüse in den Ofen zu geben.

AUBERGINEN IN TOMATENSAUCE, ÜBERBACKEN

   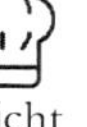

2 Port. 50 Min. Leicht

Zutaten

2 Auberginen
300 ml passierte Tomaten
1 Zwiebel
300 g Fetakäse, nach Wahl
Je 1 Prise Salz, Pfeffer und Zucker
Oregano
1 EL Butter
Öl

Nährwerte p. P.

206 kcal
18 g Kohlenhydrate
12 g Fett
10 g Eiweiß

1 Heizen Sie den Backofen auf 180 °C Ober- und Unterhitze (oder alternativ 160 °C Umluft, Gas auf Stufe 2) vor.

2 Waschen Sie die Auberginen, halbieren Sie diese und erhitzen Sie die Auberginen kurz in der Pfanne. Dann schneiden Sie eine Kuhle in die Auberginenhälften.

3 Als Nächstes wird für die Zubereitung der Tomatensoße die Zwiebel geschält und in feine Würfel zerteilt. Geben Sie etwas Öl in die Pfanne und schwitzen Sie die Zwiebeln darin an, bis sie glasig sind. Dann geben Sie die passierten Tomaten hinzu.

4 Fügen Sie eine Prise Zucker hinzu und bestreuen Sie alles mit Oregano. Dann stellen Sie eine mittlere Hitze ein und lassen alles für eine Dauer von 15 Minuten einkochen. Kurz vor Ende der Kochzeit geben Sie noch etwas Butter hinzu und schmecken die Sauce mit Salz und Pfeffer ab.

5 Anschließend fetten Sie eine Auflaufform und geben die Auberginen so hinein, dass die Kuhle nach oben gerichtet ist.

6 Nun füllen Sie in jede Auberginenhälfte etwas der Sauce ein und würzen diese nach Ihrem Geschmack. Da der Feta sehr viel Salz enthält, sollten Sie mit Salz eher sparsam sein.

7 Im Anschluss geben Sie den Feta darüber. Den Rest der Sauce verteilen Sie in der Auflaufform. Dann stellen Sie die Auflaufform für eine Dauer von 25 bis 30 Minuten in den Ofen. Wenn der Feta goldbraun gebacken ist, können Sie servieren.

Tipp: Auberginen enthalten eine Vielzahl an Bitterstoffen und sind der Leber daher sehr zuträglich. Sie unterstützen die Produktion von Gallenflüssigkeit und unterstützen damit die Leber beim Abbau von Fetten. Auberginen enthalten eine Vielzahl an Bitterstoffen und sind der Leber daher sehr zuträglich. Sie unterstützen die Produktion von Gallenflüssigkeit und unterstützen damit die Leber beim Abbau von Fetten.

INDISCHES CURRY AUS LINSEN

4 Port.

40 Min.

Mittel

Zutaten

200 g Vollkornreis
1 Zwiebel
2 Knoblauchzehen
etwas Ingwer (nach Belieben)
1 Chilischote
2 rote Paprika
1 Bund Lauchzwiebeln
1 kleine Süßkartoffel (etwa 200 g)
200 g rote Linsen
600 ml Wasser
1 EL Öl
1 EL Tomatenmark
1 TL Currypulver
1 Dose Kokosmilch (klein, 195 g)
½ Bund Koriander
100 g frischer Blattspinat
150 g Joghurt (1,5 % Fett)
1 EL Zitronensaft
1 Prise Salz
Chiliflocken nach Bedarf
1 EL Sesamsamen

Nährwerte p. P.

600 kcal
79 g Kohlenhydrate
18 g Fett
22 g Eiweiß

1 Kochen Sie zunächst den Reis nach der Packungsanleitung. Ziehen Sie die Zwiebel und den Knoblauch ab und würfeln Sie beides in kleine Stücke.

2 Schälen Sie den Ingwer und hacken Sie ihn fein. Putzen Sie die Chili, die Paprika sowie die Lauchzwiebeln. Dann schälen Sie die Kartoffel und schneiden diese ebenfalls in kleine Stücke. Achten Sie hier darauf, dass die Stücke nicht zu groß sind, damit sie leichter gar werden.

3 Im nächsten Schritt entkernen Sie die Paprika sowie die Chili und hacken beides in kleine Würfel. Die Lauchzwiebeln schneiden Sie in Ringe.

4 Waschen Sie die Linsen und lassen Sie diese durch ein Sieb abtropfen. In einer Pfanne erhitzen Sie etwas Öl und dünsten die Zwiebel darin glasig. Anschließend fügen Sie das Tomatenmark, die Linsen, den Knoblauch, das Currypulver sowie Ingwer, Paprika, Chili und die Kartoffel hinzu und dünsten diese Zutaten ebenfalls mit.

5 Nach dem Dünsten löschen Sie alles mit Kokosmilch ab. Außerdem geben Sie das Wasser hinzu und decken den Topf mit einem Deckel ab. Vergessen Sie dabei nicht, gelegentlich umzurühren.

6 Waschen Sie den Koriander und tupfen Sie ihn trocken. Dann zerteilen Sie ihn in feine Stücke. Putzen Sie den Blattspinat und hacken Sie auch diesen.

7 Vermischen Sie im nächsten Schritt den Joghurt mit dem gehackten Koriander (etwas Koriander zur Seite stellen) und vermischen Sie ihn zusammen mit dem Zitronensaft zu einer homogenen Masse. Abschmecken können Sie mit Salz und Chiliflocken.

8 Nach Ablauf der Garzeit reduzieren Sie die Hitzezufuhr und geben die Lauchzwiebeln, den Blattspinat sowie den restlichen Koriander unter die Masse. Dann lassen Sie alles erneut für eine Dauer von fünf bis zehn Minuten durchziehen.

9 Im Anschluss können Sie das Curry zusammen mit etwas Joghurt und Reis servieren.

Tipp: Linsen liefern Eiweiße, die den Abbau von eingelagertem Fett in der Leber unterstützen. Sie können daher beim Verzehr der Entstehung einer Fettleber vorbeugen.

Vegane Hauptspeisen

VEGANE GEFÜLLTE PAPRIKA

6 Port. 45 Min. Mittel

Zutaten

150 ml Wasser
200 g Reis (vorzugsweise Vollkorn)
6 gelbe oder rote Paprikaschoten, groß
3 Frühlingszwiebeln
300 g Champignons
250 g Cocktailtomaten
2 EL Speiseöl
125 g Gartenkräuter nach Wahl
etwas Limettensaft
Je 1 Prise Salz und frisch gemahlener Pfeffer
1 Bund Schnittlauch

Nährwerte p. P.

253 kcal
33 g Kohlenhydrate
10 g Fett
7 g Eiweiß

1 Garen Sie den Reis nach den Angaben der Packungsanleitung. Von den Paprikaschoten schneiden Sie nach dem Waschen den Deckel zusammen mit dem Stiel ab. Dann putzen Sie den Deckel. Auch das Innere der Paprika entkernen Sie. Zerteilen Sie die Paprika hierbei nicht.

2 Den Deckel der Paprika zerteilen Sie nun in kleine Würfel. Waschen Sie die Tomaten und schneiden Sie diese in Hälften. Waschen und putzen Sie die Champignons und schneiden Sie diese ebenfalls in Scheiben. Putzen und waschen Sie die Frühlingszwiebeln und schneiden Sie diese in Scheiben.

3 Heizen Sie den Backofen auf 200 °C Ober- und Unterhitze (oder alternativ 180 °C Umluft, Gas auf Stufe 3) vor.

4 Geben Sie etwas Öl in einen Topf und erhitzen Sie dieses. Dann geben Sie die Paprikawürfel, die Frühlingszwiebeln sowie die Champignons hinzu. Die Masse ergänzen Sie um die Kräuter und geben den Reis hinzu.

5 Das Gemüse schmecken Sie im Anschluss mit dem Limettensaft und den Gewürzen nach Belieben ab.

6 Im nächsten Schritt platzieren Sie die Paprika in einer Auflaufform. Anschließend befüllen Sie die Paprikaschoten mit der Mischung aus Reis und Gemüse. Füllen Sie das Wasser in die Auflaufform und backen Sie die Paprikaschoten für eine Dauer von etwa 40 bis 45 Minuten im Backofen aus. Nutzen Sie hierzu das untere Drittel des Backofens.

7 Behalten Sie während der Garzeit die Paprika im Auge. Sollten diese zu sehr gebräunt werden, können Sie sie abdecken.

8 Bevor Sie servieren, verzieren Sie die Paprika mit Schnittlauch, den Sie zuvor waschen, zerkleinern und darüberstreuen.

Tipp: Sie können das Gemüse ganz nach Ihrem Geschmack abwandeln. Zudem können Sie aus dem Rezept ein Rezept für Fleischliebhaber zaubern. Nutzen Sie hierzu einfach Rinderhackfleisch und braten Sie dieses zusammen mit dem Gemüse an, bevor Sie es zusammen mit dem Reis in die Paprika und anschließend in den Ofen geben.

VEGETARISCHE TAJINE

4 Port.

1 Std. 20 Min.

Mittel

Zutaten

200 g Linsen
je 1 Paprikaschote in rot, gelb und grün
2 Zucchini
3 Knoblauchzehen
1 Zwiebel
1 Peperoni
1 Dose Tomaten (etwa 425 ml)
½ TL Kreuzkümmel
1 TL Ras EL Hanout (marokkanische Gewürzmischung)
Je 1 Prise Salz und Pfeffer
½ Bund Petersilie
400 ml Wasser

Nährwerte p. P.

210 kcal
31 g Kohlenhydrate
2 g Fett
16 g Eiweiß

1 Geben Sie zunächst die Linsen in 400 ml kochendes Wasser. Garen Sie die Linsen für eine Dauer von 30 Minuten. Putzen Sie die Paprika und schneiden Sie diese in kleine Stücke. Putzen Sie die Zucchini und schneiden Sie diese in Scheiben.

2 Heizen Sie den Ofen auf 200 °C Ober- und Unterhitze (oder alternativ 175 °C Umluft, Gas auf Stufe 3) vor.

3 Im Anschluss schälen Sie Zwiebel und Knoblauch und würfeln diese klein. Putzen Sie die Peperoni, entkernen Sie diese und schneiden Sie die Peperoni in kleine Ringe. Dann vermischen Sie diese mit den Tomaten und würzen mit Kreuzkümmel, Ras EL Hanout und Salz.

4 Gießen Sie die Linsen nach Ende der Garzeit in ein Sieb ab und lassen Sie diese abtropfen. Vermischen Sie das Gemüse mit den Linsen und den Tomaten und geben Sie alles in eine Tajine. Anschließend lassen Sie alles für eine Dauer von 40 Minuten im Ofen garen.

5 Während der Garzeit waschen und trocknen Sie die Petersilie, zupfen die Blättchen ab und hacken sie fein. Nachdem Sie die Tajine nach Ende der Garzeit aus dem Ofen genommen haben, schmecken Sie alles mit Salz und Pfeffer ab und geben die Petersilie darüber.

Tipp: Die Tajine können Sie mit Joghurt servieren. Zudem können Sie nach dem Servieren Ras EL Hanout zum Würzen zur Verfügung stellen.

LINSENCURRY MIT MÖHREN UND BROKKOLI

2 Port.

45 Min.

Mittel

Zutaten

100 g rote Zwiebeln
1 EL Kokosöl
2 Knoblauchzehen
100 g rote Linsen
2 Limettenblätter
1 Messerspitze Chiliflocken
1 TL Currypulver
½ TL Kurkumapulver
200 ml Gemüsebrühe
200 ml Kokosmilch
½ TL Bockshornklee
1 EL Sojasauce
100 g Brokkoli
80 g Möhren
Je 1 Prise Salz und Pfeffer

Nährwerte p. P.

524 kcal
48 g Kohlenhydrate
26 g Fett
20 g Eiweiß

1 Schälen Sie den Knoblauch und die Zwiebeln und würfeln Sie diese fein. Spülen Sie die Linsen in einem Sieb ab. Achten Sie darauf, dass sie nicht mehr schäumen. Dann lassen Sie die Linsen abtropfen.

2 In einem Topf erhitzen Sie auf mittlerer Stufe einen Esslöffel Kokosöl. Anschließend geben Sie die Zwiebeln und den Knoblauch hinein. Außerdem geben Sie die Limettenblätter, die Chiliflocken, Curry und Kurkuma dazu. Braten Sie diese Zutaten für eine Dauer von einer Minute unter ständigem Rühren an. Dann löschen Sie die Masse mit 200 ml Gemüsebrühe ab und rühren die Kokosmilch ein.

3 Geben Sie die Linsen hinzu und schließen Sie den Deckel. Lassen Sie die Masse für eine Dauer von zehn Minuten köcheln.

4 Nach Ablauf der Kochzeit geben Sie den Bockshornklee hinzu. Diesen zerreiben Sie im Vorfeld in einem Mörser, sollte er nicht fein genug sein. Rühren Sie die Sojasauce ein und lassen Sie die Zutaten für eine Dauer von weiteren zehn Minuten köcheln.

5 Während die Zutaten kochen, zerkleinern Sie den Brokkoli in kleine Röschen, schälen die Möhren und würfeln sie fein.

6 Nach Ablauf der Kochzeit geben Sie die Möhren und den Brokkoli ebenfalls in den Topf. Dann kochen Sie alles für eine weitere Dauer von drei Minuten. Entfernen Sie die Limettenblätter, schmecken Sie mit Salz und Pfeffer ab und servieren Sie.

Tipp: Bockshornklee hat eine leberschützende Wirkung. Studien haben demnach erwiesen, dass der regelmäßige Verzehr nicht nur die Leberwerte verbessern, sondern auch beim Vorliegen einer Fettleber den Abbau von Leberfetten unterstützen kann.

ZUCCHINI-PUFFER AUS HAFERFLOCKEN

6 Port.

30 Min.

Leicht

Zutaten

1 mittelgroße Zucchini (etwa 300 g)
20 g zarte Haferflocken
15 g geriebener vegetarischer Hartkäse nach Wahl
1 bis 2 EL Sojamehl
2 EL Wasser
Salz und Pfeffer
2 EL Olivenöl (zum Ausbacken, nach und nach verwenden)
nach Bedarf Chiliflocken
nach Bedarf Knoblauch

Nährwerte p. P.

240 kcal
11 g Kohlenhydrate
15 g Fett
11 g Eiweiß

1 Waschen Sie die Zucchini und schneiden Sie die Endstücke ab. Raspeln Sie sie und geben Sie die Masse in ein frisches Handtuch. Nach dem Raspeln drücken Sie das Handtuch zusammen, um das restliche Wasser herauszupressen.

2 In einer separaten Schüssel vermischen Sie das Sojamehl mit dem Wasser. Dieses bildet den Ersatz für ein Ei. Danach vermischen Sie diese Zutaten mit Salz, Pfeffer und nach Belieben Chili.

3 In eine weitere Schüssel geben Sie die Zucchini zusammen mit den Haferflocken und dem veganen Hartkäse. Dieser sollte gerieben sein. Geben Sie dann das vegane Ei hinzu und ergänzen Sie je nach Bedarf eine Knoblauchzehe. Diese können Sie ausdrücken. Vermischen Sie alles miteinander, sodass ein homogener Teig entsteht.

4 Sollten Sie feststellen, dass der Teig zu flüssig ist, geben Sie etwas Haferflocken hinzu, um die Masse zu verfestigen. Erhitzen Sie in einer Pfanne etwas Olivenöl. Nutzen Sie hierzu eine mittlere Temperatur. Sobald die Pfanne die richtige Temperatur erreicht hat, geben Sie mit einem Löffel portionsweise den Zucchiniteig hinein und backen ihn aus. Hierzu können Sie den Teig nach dem Hineingeben mit dem Löffel glattstreichen und leicht andrücken.

5 Backen Sie die Teigportionen für eine Dauer von vier bis fünf Minuten aus. Achten Sie darauf, dass Sie die Bräunung im Auge behalten.

6 Im Anschluss können Sie servieren.

Tipp: Wer statt der veganen Variante lieber auf die Variante mit Ei zurückgreifen möchte, kann das Sojamehl und das Wasser durch ein Ei ersetzen. Die restlichen Zutaten werden dann entsprechend der Anleitung verarbeitet. Zu diesem Gericht passt besonders gut ein erfrischender Dip aus Quark oder Joghurt.

SPAGHETTI AUS KÜRBIS AN TOMATENSAUCE

2 Port.

1 Std. 45 Min.

Leicht

Zutaten

Für die Spaghetti:
Spaghettikürbis (Menge je nach Anzahl der Personen, 1 Kürbis reicht für 2 Personen)
etwas Wasser
ein Schaschlikspieß

Für die Tomatensauce:
4 bis 5 Zwiebeln
etwas Olivenöl
1 Bund Suppengrün
3 Knoblauchzehen
3 Dosen geschälte Tomaten
2 Dosen passierte Tomaten
2 TL Thymian, getrocknet
Je 1 Prise Zucker, Salz, Pfeffer und Chili

Nährwerte p. P.

90 kcal
15 g Kohlenhydrate
2 g Fett
2 g Eiweiß

1 Stechen Sie mit dem Schaschlikspieß Löcher in die Schale des Kürbisses (rundum). Geben Sie ihn in einen Topf, der groß genug ist. Dann füllen Sie Wasser hinein. Achten Sie darauf, dass der Kürbis durch das Wasser gut bedeckt wird. Lassen Sie das Wasser aufkochen. Dann regulieren Sie die Temperatur herunter und lassen ihn für eine Dauer von 30 Minuten garen. Nutzen Sie hierzu eine mittlere Hitze.

2 Überprüfen Sie durch leichtes Drücken auf die Schale, ob der Kürbis gar ist. Gibt die Schale nach, können Sie den Kürbis aus dem Wasser entfernen.

3 Halbieren Sie den Kürbis und entfernen Sie die Kerne sowie die härteren Fasern. Aus der Mitte nehmen Sie das Fruchtfleisch heraus (das Fruchtfleisch zerfällt in dünne Fäden beim Herauskratzen, die aussehen wie Spaghetti) und geben es in eine Schale. Hier eignet sich am besten eine vorgewärmte Schale.

4 Für die Tomatensauce schälen und hacken Sie die Zwiebeln. Geben Sie Olivenöl in einen Topf und dünsten Sie die Zwiebeln darin bei geringer Wärmezufuhr an.

5 Putzen und waschen Sie das Suppengrün und stückeln Sie dieses ebenfalls. Ebenso verfahren Sie mit dem Knoblauch. Dann geben Sie auch diese Zutaten zu den Zwiebeln und dünsten diese bei geschlossenem Deckel für eine Dauer von 15 Minuten mit an.

6 Ergänzen Sie die Masse um die geschälten Tomaten. Diese können Sie im Vorfeld mit einer Gabel zerkleinern. Dann geben Sie auch die passierten Tomaten hinzu.

7 Bringen Sie die Zutaten zum Kochen. Schließen Sie hierzu den Deckel. Geben Sie die Gewürze und den Zucker hinzu und lassen Sie die Sauce für eine Dauer von 30 Minuten bei geringer Temperatur köcheln. Vergessen Sie nicht, gelegentlich umzurühren.

8 Nach Ablauf der Kochzeit nehmen Sie den Deckel ab und lassen die Tomatensauce für eine Dauer von 30 bis 45 Minuten köcheln. Sobald die Masse sämig wird, können Sie den Kochtopf vom Kochfeld nehmen und sie zu einer homogenen Sauce pürieren. Hierzu können Sie sowohl einen Stabmixer als auch einen Standmixer verwenden.

9 Im Anschluss geben Sie die Kürbisspaghetti auf einen Teller oder in den ausgehöhlten Kürbis und geben die Tomatensauce darüber.

Tipp: Wenn es schnell gehen soll, können Sie den Kürbis aus in der Mikrowelle zubereiten. Hierzu teilen Sie den Kürbis in zwei Hälften und platzieren den Kürbis in der Mikrowelle so, dass der Anschnitt nach oben zeigt. Damit das Fruchtfleisch bei der Zubereitung nicht austrocknet, decken Sie es ab. Im Anschluss garen Sie den Kürbis in der Mikrowelle für eine Dauer von sechs bis acht Minuten. Entnehmen Sie den Kürbis wieder und entfernen Sie wie oben angegeben das Fruchtfleisch.

Desserts

HAFER KÜSST BANANEN – MUS UND JOGHURT

2 Port.

10 Min.

Leicht

Zutaten

3 bis 4 Bananen
2 bis 3 EL zarte Haferflocken
1 bis 2 TL Naturjoghurt

Nährwerte p. P.

307 kcal
70 g Kohlenhydrate
2 g Fett
6 g Eiweiß

1 Für die Zubereitung des Muses geben Sie alle Zutaten in einen Mixer. Hier vermischen Sie alles gründlich miteinander.

2 Im Anschluss füllen Sie das Mus in Gläser und können es servieren.

Tipp: Zum Verzieren eignen sich Nüsse wie Sonnenblumenkerne oder Walnüsse besonders gut. Natürlich können auch zusätzliche Obstsorten oder Kokosflocken zum Verzieren genutzt werden.

VEGANER KAISERSCHMARRN

4 Port.

40 Min.

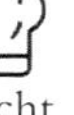
Leicht

Zutaten

700 ml Mandelmilch (oder alternativ Haferdrink)
360 g Mandelmehl
2 Bananen (zerdrückt zu Mus)
1 Päckchen Backpulver
etwas Öl zum Anbraten

Zum Verzieren:
Früchte nach Wahl

Nährwerte p. P.

341 kcal
44 g Kohlenhydrate
13 g Fett
36 g Eiweiß

1 Zerdrücken Sie die Banane so lange, bis eine homogene Masse entsteht.

2 Geben Sie die Mandelmilch zusammen mit dem Mehl sowie dem Backpulver in eine Schüssel und vermischen Sie alle Zutaten gründlich miteinander, sodass ein homogener Teig entsteht.

3 Erwärmen Sie im Anschluss das Öl in einer Pfanne und geben Sie den Teig hinzu. Dann bräunen Sie ihn erst von einer Seite an und wenden ihn auf die andere Seite. Im Anschluss reißen Sie den ausgebackenen Teig mit einem Pfannenwender in kleine und mundgerechte Stücke. Diese Stücke braten Sie im Anschluss weiter an, bis alles goldbraun angebraten ist.

4 Im nächsten Schritt servieren Sie den Kaiserschmarrn und verzieren ihn mit Früchten nach Wahl.

Tipp: Anstelle der Mandelmilch können Sie auch gewöhnliche Kuhmilch verwenden. Hier sollten Sie allerdings auf den Fettgehalt achten. Besonders aromatisch wird der Kaiserschmarrn mit etwas Vanillearoma. Zum Servieren können Sie auch etwas Fruchtmus oder frische Beeren reichen.

SCHICHTDESSERT MIT BEEREN, QUARK UND KÖRNIGEM FRISCHKÄSE

8 Port.

3 Std.
15 Min.

Leicht

Zutaten

500 g Beerenmix (zum Beispiel Himbeeren, Brombeeren, Heidelbeeren; alter-nativ kann auch auf Tiefkühlprodukte zurückgegriffen werden)
500 g Magerquark
300 g Joghurt
250 g körniger Frischkäse
200 ml Hafersahne
1 bis 2 Bananen
etwas Vanillearoma
1 Spritzer Limette

Zum Verzieren:
etwas Kokosraspeln
Beeren

Nährwerte p. P.

151 kcal
17 g Kohlenhydrate
5 g Fett
15 g Eiweiß

1 Spülen Sie zunächst die Beeren ab. Dann schlagen Sie die Sahne auf. Diese stellen Sie dann zur Seite. Am besten packen Sie sie hierzu wieder in den Kühlschrank. Zerdrücken Sie im Anschluss die Bananen so, dass ein homogener Brei entsteht.

2 Im nächsten Schritt vermischen Sie den Magerquark mit dem Joghurt, dem körnigen Frischkäse, den Bananen sowie dem Vanillearoma und einem Spritzer Limettensaft. Diese Masse vermischen Sie mit dem Schneebesen zu einer glatten, homogenen Masse. Achten Sie darauf, dass Sie sie nicht zu lange rühren, damit die Masse nicht zu flüssig wird.

3 Im Anschluss wird die Hafersahne unter die Masse gehoben. Nun schichten Sie die Beeren und die Creme abwechselnd in eine Schüssel.

4 Diese stellen Sie für drei Stunden in den Kühlschrank, damit sie durchziehen kann.

5 Wenn Sie die Schüssel aus dem Kühlschrank herausnehmen, können Sie die Creme mit Kokosraspeln und Beeren verzieren.

Tipp: Die Früchte können Sie in diesem Dessert saisonal anpassen. Zudem können Sie statt der Früchte Apfelmus zum Schichten verwenden. Hier sollten Sie aber darauf achten, dass es ungesüßt ist. Zum Verzieren können Sie auch Minzblätter nutzen.

GRÜTZE MIT CHIASAMEN UND HIMBEEREN

4 Port.

1 Std.

Leicht

Zutaten

400 g Himbeeren (oder je nach Saison Erdbeeren)
350 g Mandelmilch (oder eine Alternative)
5 EL weiße Chiasamen
1 bis 2 Tropfen Vanillearoma
3 EL Holunderblütensirup
4 EL Mandelsplitter

Nährwerte p. P.

264 kcal
20 g Kohlenhydrate
40 g Fett
8 g Eiweiß

1 Waschen Sie die Himbeeren und lassen Sie sie im Anschluss auf einem Küchenpapier abtropfen. Dann pürieren Sie etwa 100 g Himbeeren mit der Mandelmilch im Mixer. Sollten Sie die Kerne der Himbeeren nicht mögen, können Sie dieses Püree im Anschluss durch ein Sieb geben, damit die Himbeersamen gefiltert werden.

2 Im nächsten Schritt werden die Chiasamen mit der Himbeer-Mandelmilch-Mischung, dem Vanillearoma und dem Holunderblütensirup vermischt. Diese lassen Sie im Anschluss für eine Dauer von etwa 30 Minuten ziehen.

3 Nach Ablauf der Ziehzeit rühren Sie die Grütze erneut um und füllen sie in kleine Dessertgläser ab. Dann lassen Sie sie erneut für 30 Minuten ruhen.

4 Zum Servieren geben Sie die Mandeln in eine Pfanne und rösten sie unter ständigem Rühren, bis sie etwas gebräunt sind. Dann nehmen Sie sie heraus und lassen sie abkühlen.

5 Nach dem Abkühlen können Sie die Grütze mit den Mandelsplittern bestreuen und alles servieren.

Tipp: Die Früchte können auch bei diesem Rezept je nach Saison ausgetauscht wer-den. Zudem kann die Süße je nach Geschmack angepasst werden. Damit die Grütze die richtige Konsistenz erhält, ist es wichtig, dass die Ziehzeiten eingehalten werden.

AVOCADO-KAKAO-PUDDING

2 Port.

35 Min.

Leicht

Zutaten

1 mittelgroße Avocado
1 mittelgroße Banane
2 TL Backkakao
1 EL Holunderblütensirup

Nährwerte p. P.

335 kcal
18 g Kohlenhydrate
29 g Fett
3 g Eiweiß

1 Halbieren Sie zunächst die Avocado und entfernen Sie den Kern. Dann lösen Sie das Fruchtfleisch aus der Schale und zerkleinern es in mundgerechte Stücke.

2 Im nächsten Schritt vermischen Sie den Kakao mit der Banane sowie dem Holunderblütensirup in einem Mixer. Achten Sie hierbei darauf, dass eine cremige Masse entsteht.

3 Nun geben Sie die Masse in Dessertgläser.

Tipp: Das Topping können Sie je nach Geschmack variieren. Besonders geeignet sind hier verschiedene Nussorten. Zudem können Sie den Pudding mit Mandelsplittern, Kernen oder Obst verzieren.

Getränke

TEE AUS ARTISCHOCKEN

4 Port.

10 Min.

Leicht

Zutaten

zwei Artischocken
den Saft einer Zitrone
1 l Wasser

Nährwerte p. P.

57 kcal
2 g Kohlenhydrate
5 g Fett
1 g Eiweiß

1 Erwärmen Sie zunächst das Wasser in einem Topf. Dann entblättern Sie die Artischocke und geben sie in das Wasser hinein. In diesem kochen Sie die Artischocken so lange, bis sie richtig weich ist.

2 Anschließend entnehmen Sie die Artischocke aus dem Wasser. Das Wasser können Sie nun in eine Karaffe oder Flasche füllen.

3 Im letzten Schritt pressen Sie die Zitrone aus und fangen den Saft auf. Diesen fügen Sie dem Wasser hinzu.

Tipp: Der Tee kann über den ganzen Tag verteilt getrunken werden. Besonders geeignet ist er als Getränk zum Frühstück. Die Artischocken müssen Sie nach dem Aufkochen nicht wegwerfen. Stattdessen können Sie diese für die Zubereitung eines Salats verwenden.

TEE AUS MARIENDISTEL

1 Port.

20 Min.

Leicht

Zutaten

200 ml Wasser
20 g Mariendistel

Nährwerte p. P.

53 kcal
2 g Kohlenhydrate
1 g Fett
4 g Eiweiß

1 Kochen Sie zunächst das Wasser auf. Dann geben Sie die Mariendistel hinzu.

2 Nach einer Ziehzeit von 5 bis 10 Minuten (je nach gewünschter Intensität des Geschmacks) können Sie den Tee genießen.

Tipp: Mariendistel gilt unter den Gewächsen als Heilpflanze für die Leber, da sie die Entgiftung der Leber unterstützt. Auf diese Weise hat Ihre Leber die Chance, sich von den Belastungen zu erholen. Zudem enthält die Mariendistel einen Stoff, das sogenannte Silymarin, das die Hülle der Leber stärkt und damit dafür sorgt, dass Gift- und Schadstoffe schlechter eindringen können.

TEE AUS LÖWENZAHN

1 Port.

25 in.

Leicht

Zutaten

20 g Löwenzahn in getrockneter Form
250 ml Wasser
20 g Zitronenschalen von einer unbehandelten Zitrone

Nährwerte p. P.

10 kcal
2 g Kohlenhydrate
0 g Fett
0 g Eiweiß

1 Zunächst kochen Sie das Wasser in einem Topf auf. Dann geben Sie den getrockneten Löwenzahn hinzu. Den Löwenzahn lassen Sie im Wasser für eine Dauer von etwa 15 Minuten kochen.

2 Im Anschluss lassen Sie den Tee für weitere zehn Minuten ziehen. Die Kochplatte wird hierzu ausgeschaltet.

3 Nach Ablauf der Ziehzeit gießen Sie die Flüssigkeit durch ein Sieb und fangen das klare Wasser auf.

Tipp: Dieser Tee eignet sich besonders gut zum Frühstück. Gleichzeitig kann er über den Tag verteilt getrunken werden. Löwenzahn können Sie darüber hinaus auch in frischer Form für Ihre Salate verwenden.

SMOOTHIE MIT SPINAT UND MANDELMUS

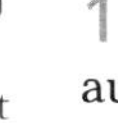

1 Port. 20 Min. Leicht

Zutaten

150 g frischer Babyspinat
1 Banane
1 EL Mandelmus (oder alternativ Sesammus)
150 ml Orangensaft (frisch gepresst; alternativ frisch gepresster Mandarinensaft)
1 Stück Ingwer (nach Belieben)
1 TL Leinöl
1 TL Weizenkeimöl
etwas Wasser

Nährwerte p. P.

206 kcal
20 g Kohlenhydrate
11 g Fett
5 g Eiweiß

1 Waschen Sie zunächst die Spinatblätter ausreichend. Dann schälen Sie die Banane und zerkleinern diese grob.

2 Geben Sie im nächsten Schritt alle Zutaten in einen Mixer. Alternativ können Sie die Masse mit einem Pürierstab zerkleinern und fein pürieren.

Tipp: Unter den Gemüsesorten eignet sich der Spinat besonders gut, um gegen die Verfettung von Leberzellen vorzugehen. Zudem beugt Spinat einer weiteren Verfettung der Leber vor, da er Nitrat enthält. Nitrat sorgt in unserem Körper dafür, dass sich Fett nicht in der Leber anlagern kann.

SMOOTHIE MIT SELLERIE, ZITRONE UND PAPAYA

1 Port.

20 Min.

Leicht

Zutaten

1 Zitrone
1 Staude Sellerie
140 g Papaya
200 ml Wasser

Nährwerte p. P.

142 kcal
36 g Kohlenhydrate
1 g Fett
3 g Eiweiß

1 Im ersten Schritt entsaften Sie die Zitrone. Dann waschen Sie den Sellerie und zerkleinern diesen grob.

2 Anschließend schneiden Sie die Papaya auf, dann entnehmen Sie die Kerne und kratzen das Fruchtfleisch mit einem Löffel heraus.

3 Als Nächstes geben Sie die Zutaten in einen Mixer und fügen das Wasser hinzu. Diese Masse verarbeiten Sie im Anschluss so lange, bis eine homogene Masse entsteht.

Tipp: Dieser Smoothie eignet sich besonders für den Verzehr am Morgen. Er enthält viele Antioxidantien. Diese unterstützen innerhalb der Leber unsere Entgiftung. Zudem tragen die Inhaltsstoffe dazu bei, dass Entzündungen gehemmt werden und Schadstoffe, die unsere Organe schädigen können, ausgeleitet werden.

Soßen, Cremes, Brotaufstriche und Dips

GUACAMOLE

16 Port. 35 Min. Leicht

Zutaten

2 milde Pfefferschoten
1 kleine rote Zwiebel
2 Knoblauchzehen
1 Limette
2 Tomaten
2 reife Avocados
etwas Tabasco nach Belieben
Je 1 Prise Salz und Pfeffer
etwas Wasser

Nährwerte p. P.

73 kcal
1 g Kohlenhydrate
8 g Fett
1 g Eiweiß

1 Halbieren Sie die Pfefferschoten längs. Entkernen Sie diese und würfeln Sie sie fein. Schälen Sie den Knoblauch und die Zwiebel und schneiden Sie diese in kleine Stücke.

2 Geben Sie die Tomaten in kochendes Wasser und blanchieren Sie diese. Nehmen Sie die Tomaten aus dem Wasser, schrecken Sie sie ab und häuten und entkernen Sie sie.

3 Entsaften Sie die Limette und würfeln Sie die Tomaten fein. Halbieren Sie die Avocados, entfernen Sie die Kerne und lösen Sie das Fruchtfleisch heraus. Im Anschluss zerteilen Sie die Avocados und schneiden diese in kleine Stücke.

4 Pürieren Sie nun das Fleisch der Avocado zusammen mit dem Limettensaft in einem Mixer (oder alternativ per Hand).

5 Würzen Sie die Masse im Anschluss mit Salz, Pfeffer und nach Belieben mit Tabasco. Geben Sie die Würfel der Pfefferschoten, die Zwiebeln und den Knoblauch sowie die Tomatenwürfel hinzu. Lassen Sie die Masse im Anschluss für etwa 15 Minuten durchziehen.

Tipp: Statt des Limettensaftes können Sie auch Zitronensaft verwenden. Wenn Sie Schärfe nicht mögen, können Sie den Tabasco weglassen. Besonders gut schmeckt der Dip zu deftigen Speisen. Er kann jedoch auch zu Rohkost verzehrt werden. Damit der Dip eine etwas cremigere Konsistenz erhält, können Sie nach Belieben noch etwas Naturjoghurt darunterheben. Bei der originalen Zubereitung wird der Dip von Hand püriert.

Süß-Saure Sauce mit Chili und Ingwer

250 ml

30 Min.

Leicht

Zutaten

6 grüne Jalapeños (oder alternativ grüne Chilischoten)
4 Knoblauchzehen
1 Stück Ingwer (etwa 30 g)
100 g Ahornsirup
200 ml Apfelsaft
4 bis 6 EL milder Weißweinessig
Je ½ TL gemahlener Koriander und Piment
1 TL Salz
etwas Wasser

Nährwerte p. P.

170 kcal
38 g Kohlenhydrate
3 g Fett
1 g Eiweiß

1 Zunächst entfernen Sie die Stiele von den Jalapeños. Schlitzen Sie diese der Länge nach auf und entfernen Sie die Samen. Hierbei sollten Sie Schutzhandschuhe tragen, da die Schärfe die Schleimhäute reizen kann.

2 Im Anschluss waschen Sie die Schoten und halbieren sie erneut in der Länge. Dann schneiden Sie diese in feine Streifen. Schälen Sie den Ingwer und die Knoblauchzehen und hacken Sie beides fein.

3 Geben Sie den Ahornsirup in einen Topf, ergänzen Sie etwas Wasser und erwärmen Sie die Masse bei mittlerer Hitze. Im Anschluss geben Sie die Jalapeños, den Ingwer sowie den Knoblauch hinzu.

4 Nehmen Sie den Topf vom Kochfeld und löschen Sie die Masse mit Apfelsaft und Weißweinessig ab. Rühren Sie die Gewürze hinein und schmecken Sie mit Salz ab. Dann erhitzen Sie die Masse erneut und lassen sie für eine Dauer von zehn Minuten aufkochen. Achten Sie hierbei darauf, dass Sie gelegentlich umrühren. Im Anschluss können Sie servieren.

Tipp: Die Süße kann nach Belieben individuell reduziert werden. Wenn Sie die Sauce in Gläser abfüllen und luftdicht verschließen, können Sie diese für eine Dauer von etwa zwei Monaten aufbewahren.

ERFRISCHENDER QUARKDIP

6 Port.

20 Min.

Leicht

Zutaten

250 g Speisequark Halbfettstufe
1 EL grobkörniger Senf
1 EL Zitronensaft
50 ml Kochsahne
1 Prise Salz
1 Prise Pfeffer

Nährwerte p. P.

82 kcal
6 g Kohlenhydrate
4 g Fett
6 g Eiweiß

1 Vermischen Sie den Quark mit dem Zitronensaft, der Kochsahne und dem Senf zu einer homogenen Masse.

2 Salzen Sie diese Masse und geben Sie etwas Pfeffer nach Geschmack hinzu.

3 Lassen Sie den Dip zum Durchziehen fünf bis zehn Minuten im Kühlschrank ruhen. So können sich die Aromen besser miteinander vermischen.

Tipp: Besonders gut passt der Dip zu Rohkost. Auch für Kartoffelgerichte oder Ofengemüse kann er verwendet werden. Nach Belieben können Sie den Quark mit den Kräutern der Saison anreichern.

GURKE-RETTICH-DIP MIT MÖHREN

5 Port.

10 Min.

Leicht

Zutaten

1 Gewürzgurke
1 Rettich (etwa 160 g)
5 Möhren
etwas Tomatenmark
etwas Naturjoghurt
1 Prise Salz
1 Prise Pfeffer

Nährwerte p. P.

427 kcal
13 g Kohlenhydrate
41 g Fett
2 g Eiweiß

1 Schneiden Sie die Gurke, den Rettich und die Möhren nach dem Waschen und Schälen in kleine Stücke.

2 Geben Sie etwas Tomatenmark sowie Naturjoghurt hinzu und vermischen Sie alles miteinander.

3 Würzen Sie alles mit Salz und Pfeffer nach Geschmack.

Tipp: Den Dip können Sie sowohl zu Rohkost als auch auf dem Brot verzehren. Achten Sie hierbei darauf, dass der Dip nicht zu dünn wird, damit er Ihnen nicht vom Brot läuft. Hierzu können Sie etwas mehr Tomatenmark hinzugeben, um die Masse anzudicken.

FRANKFURTER GRÜNE SAUCE

 600 ml  20 Min.  Leicht

Zutaten

1 Bund frische Kräuter (hier eignen sich beispielsweise: Borretsch, Kerbel, Kresse, Petersilie, Pimpinelle, Sauerampfer und Schnittlauch)
500 g Pflanzenjoghurt (oder alternativ Naturjoghurt, ungesüßt)
½ Zitrone
3 EL Senf
1 Knoblauchzehe
1 Zwiebel (klein)
¼ TL Salz
¼ TL Pfeffer

Nährwerte p. P.

61 kcal
7 g Kohlenhydrate
1 g Fett
4 g Eiweiß

1 Waschen Sie die Kräuter, trocknen Sie diese und hacken Sie die Kräuter fein. Schälen Sie den Knoblauch sowie die Zwiebel. Dann hacken Sie diese ebenfalls in feine Stücke.

2 Geben Sie alle Zutaten in eine Schüssel, vermischen Sie sie miteinander und pürieren Sie die Zutaten mit einem Pürierstab (oder alternativ einer Küchenmaschine oder einem Standmixer).

3 Nach dem Pürieren vermischen Sie die Masse erneut und geben sie dann für eine Dauer von ein bis zwei Stunden in den Kühlschrank, damit sich die Aromen verbinden können.

Tipp: Kräuter, insbesondere Bitterkräuter, sind gut für die Leber, da diese die Verdauung stimulieren und die Produktion von Gallenflüssigkeit anregen. Auf diese Weise unterstützen sie die Funktionsfähigkeit der Leber.
Die Sauce wird traditionell zu Gerichten mit Kartoffeln serviert. Sie wird kalt zubereitet.

Bonus

DIE 7-TAGE-GESUNDHEITSKUR FÜR IHRE LEBER – DAS SOLLTEN SIE BEACHTEN

Nachdem Sie innerhalb dieses Ratgebers nun einige Rezepte erhalten haben, mit denen Sie Ihre Leber entlasten können, erhalten Sie in diesem Kapitel einen Plan, was Sie für das Fasten für Ihre Leber beachten sollten. Die nachfolgend angeführten Faktoren sollten Sie täglich beachten, um Ihre Leber dauerhaft zu entlasten.

Wichtiges am Morgen

- In der Nacht sammeln sich in der Leber die Giftstoffe und Abfälle, die unser Körper über den Tag verteilt produziert. Nachdem Sie aufgewacht sind, ist es daher wichtig, dass Sie ausreichend Flüssigkeit zu sich nehmen. Hier eignen sich folgende Getränke am besten:
  - Wasser
  - Smoothies, die die Lebertätigkeit anregen und ihr beim Entgiften helfen
  - Tee aus Löwenzahn
  - Tee aus Mariendistel
  - Tee aus Artischocken

Über den Tag verteilt

• Im Verlauf des Tages sollten Sie beim Leberfasten darauf achten, dass Sie sich vor allem von Gemüse ernähren. Das heißt nicht, dass Sie vollständig auf Fleisch verzichten müssen. Vielmehr sollten Sie dieses reduzieren. Achten Sie dabei darauf, dass Sie Gemüse und Obst zu sich nehmen, das einen geringen Fruchtzuckergehalt aufweist, da sich auch dieser in der Leber ablagern und diese belasten kann.

• Bevorzugen Sie eine ballaststoffreiche Ernährung, da Ballaststoffe die Leber dabei unterstützen, sie zu entlasten. Hierbei können Sie vor allem auf die folgenden Produkte zurückgreifen:

- Produkte aus Vollkorn
- Hülsenfrüchte

Diese Produkte enthalten viele „gute" Kohlenhydrate und belasten den Stoffwechsel Ihrer Leber daher weniger.

• Wählen Sie die „guten" (ungesättigte) Fette, wenn Sie Ihre Speisen zusammenstellen. Hier können Sie beispielsweise auf die folgenden Produkte zurückgreifen:

- Olivenöl
- Rapsöl
- Omega-3-Fettsäuren (diese finden sich vorwiegend in Fisch)

• Damit Ihre Leber ausreichend gestärkt wird, sollten Sie im Rahmen einer ausgewogenen Ernährung Bitterstoffe berücksichtigen. Hierzu zählen beispielsweise die nachfolgenden Produkte:

- Artischocken
- Chicorée
- Löwenzahn

• Über den Tag können Sie Ihre Leber zudem unterstützen, wenn Sie auf Mariendistel-Tee zurückgreifen. Mariendistel enthält ein hohes Maß an Silymarin, ein Pflanzenstoff, der die Regeneration der Leber nachweislich unterstützt.

• Verzichten Sie während des Leberfastens auf Fast Food und Zucker. Zudem sollten Sie Genussgifte wie Alkohol vermeiden. Haben Sie dennoch das Bedürfnis, Zucker zu verzehren, können Sie auf Bitterschokolade zurückgreifen, da diese nur sehr wenig Zucker und ein hohes Maß an Pflanzenstoffen enthält.

• Sorgen Sie am Tag für genügend Bewegung. Täglich 20 Minuten Bewegung am Stück sind hierzu ausreichend. Hierbei können Sie wählen, ob Sie sich für einen schnellen Spaziergang oder ein zügiges Walken entscheiden. Beides regt die Durchblutung der Leber und damit ihre Funktion an. Alternativ können Sie natürlich auch auf ein Fitnessprogramm zurückgreifen.

• Wollen Sie die Durchblutung Ihrer Leber zusätzlich anregen, können Sie täglich einen warmen Leberwickel machen.

Anleitung für einen Leberwickel:

Das benötigen Sie:

ein Handtuch
warmes Wasser
eine Wärmflasche

Für einen Leberwickel tauchen Sie ein Handtuch in warmes Wasser. Mit dem Handtuch umwickeln Sie die Wärmflasche und platzieren diese auf Ihrem rechten Oberbauch. Hier verbleibt die Wärmflasche für eine Dauer von 30 Minuten. Diesen Wickel wiederholen Sie jeden Tag.

Halten Sie die angeführten Hinweise ein, kann dies langfristig dazu führen, dass Ihre Leber entlastet wird.